ADAC Reiseführer

W0386294

Schweiz

von Robin Daniel Frommer und Rolf Goetz

10 **ADAC Top Tipps**

Das müssen Sie gesehen haben! Die zehn Top Tipps bringen Sie zu den absoluten Highlights.

25 **ADAC Empfehlungen**

Unterwegs gut beraten: Diese 25 ausgesuchten Empfehlungen machen Ihren Urlaub perfekt.

Preise für ein DZ mit Frühstück:
€ | bis 140 CHF
€€ | bis 270 CHF
€€€ | ab 270 CHF

Preise für ein Hauptgericht:
€ | bis 25 CHF
€€ | bis 50 CHF
€€€ | ab 50 CHF

Intro

ADAC Quickfinder

Hier finden Sie die Orte, Sehenswürdigkeiten und Attraktionen, die perfekt zu Ihnen passen.

Unterwegs

Zu diesen Orten und Sehenswürdigkeiten finden Sie Detailkarten im Innenteil des Reiseführers.

Service

Umschlag:

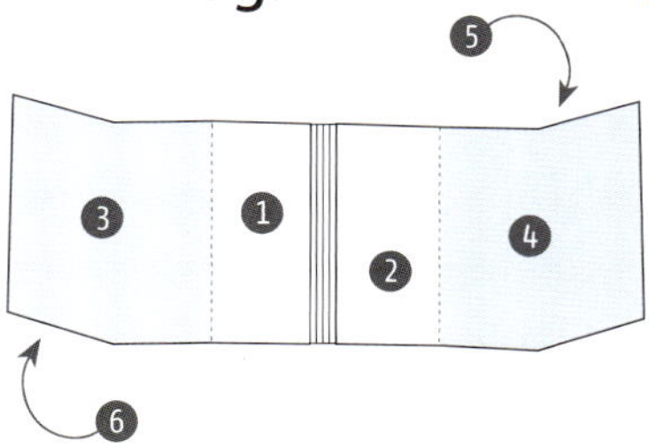

ADAC Top Tipps: Vordere Umschlagklappe, innen 1

ADAC Empfehlungen: Hintere Umschlagklappe, innen 2

Übersichtskarte Schweiz West: Vordere Umschlagklappe, innen 3
Übersichtskarte Schweiz Ost: Hintere Umschlagklappe, innen 4
Stadtplan Zürich: Hintere Umschlagklappe, außen 5
Ein Tag in Zürich: Vordere Umschlagklappe, außen 6

Auf Entdeckungstour im Herzen Mitteleuropas

In der Alpenrepublik verbinden sich grandiose Natur- und traditionelle Kulturräume mit moderner Infrastruktur und perfektem Service

Die Schweiz ist ein Paradies für Gipfelstürmer, Wegweiser verhindern falsche Fährten

Die Schweiz hat ganzjährig Saison, wenn auch nicht überall gleichzeitig. Im Frühling verzaubert die italienische Schweiz mit geradezu subtropischer Blütenpracht. In den Tessiner Ferienorten Ascona und Locarno wetteifern duftender weißer Oleander mit feuerroten Bougainvilleen und gelben Mimosen, und im lauen Seewind des Lago Maggiore rauschen Palmblätter. Im Gebirge hingegen zeigt sich das zaghafte Erwachen der Alpenflora erst im Juni, doch gerade dann bereitet das Wandern auf alten Saumpfaden und dem vorbildlich ausgeschilderten Wegenetz besonders viel Vergnügen. Überhaupt spielt sich das Leben in der Schweiz während des Sommers bevorzugt draußen ab: Abends flaniert man auf Promenaden und an Seeufern, in Lugano oder Zürich etwa genießt man im August ein Seenachtsfest mit prächtigem Feuerwerk. Zu dieser Jahreszeit präsentiert sich das Binnenland Schweiz dank seiner mehr als hundert Seen auch als wahres Wassersportparadies, in dem nach Herzenslust gesurft, gesegelt oder gebadet wird. In vielen Strandbädern lässt sich die Freude am erfrischenden kühlen Nass

mit einem herrlichen Panoramablick auf die Berge kombinieren.
Im Engadin ist der Herbst besonders reizvoll, da die Luft wunderbar klar ist und das Gelb der Lärchen mit dem satten Grün der Arven und Tannen wetteifert. Im Bergell nahe der Grenze zu Italien wecken dann rot-goldene Kastanienwälder Assoziationen mit dem »Indian Summer« – ein spektakuläres Farbenschauspiel, das in den Tälern des Tessins bis in den November hinein andauern kann.
Der Winter folgt mit weißer Pracht. Hunderte von Bergbahnen und Schleppliften erschließen die Schweizer Alpen für die Wintersportler. Die Saison beginnt zwei Wochen vor Weihnachten und dauert bis Ostern. Gäste, die zur kalten Jahreszeit anreisen, haben unter mehr als 30 Skigebieten die Qual der Wahl. Snowboarder zieht es nach Verbier, Arosa und Laax, der Jetset logiert in St. Moritz und Gstaad. Davos, als das größte Alpinzentrum der Schweiz, ist ebenfalls für Schneefans gerüstet.

Badefreuden am Vierwaldstättersee mit Blick auf Luzern (oben) – An der Uferpromenade von Ascona (unten)

Zeuge der Schweizer Geburtsstunde: Vierwaldstättersee (oben) – Berühmt-berüchtigt: Eigernordwand (Mitte) – Schweizer Qualitätsuhren (unten)

Eidgenossen und Vereinte Nationen

Vielfältig ist die Schweiz; was ihre rund 8,54 Mio. Bürger, die in 26 Kantonen leben, jedoch eint, sind Traditionsbewusstsein und Liebe zu Ordnung und Struktur. Diesbezüglich sind sie in der Tat »ein einig Volk von Brüdern«, wie es Friedrich Schiller 1804 in seinem Drama »Wilhelm Tell« im Rütlischwur formulierte. Diese Worte lässt der Dichter die Vertreter der Urkantone Uri, Schwyz und Unterwalden sagen, als sie sich – historisch verbürgt – im August 1291 auf der Rütliwiese über dem Vierwaldstättersee trafen, um ein Schutz- und Trutzbündnis gegen die damaligen Habsburger Landesherren zu schließen. Das war die Geburtsstunde der Schweizer Eidgenossenschaft. Heute treffen sich Politiker aus aller Welt in der neutralen Schweiz, um hier über im wahrsten Sinne des Wortes weltbewegende Fragen zu verhandeln. Besonders bekannt ist in diesem Zusammenhang Genf, die weltoffene

Metropole am gleichnamigen See, europäischer Sitz der Vereinten Nationen (United Nations, UN) und Hauptquartier bedeutender internationaler Organisationen wie Rotes Kreuz oder Weltgesundheitsorganisation (World Health Organization, WHO).

Einen hervorragenden Ruf genießt die Schweiz aber auch als innovativer Wirtschaftsstandort. Hier werden erstklassige Konsumgüter gefertigt, von einfallsreichen Taschenmessern bis zu zuverlässigen Präzisionsuhren. Eine führende Rolle in der internationalen Finanzwelt spielen die Schweizer Banken, die sich bevorzugt in Zürich oder Lugano niedergelassen haben. Ihre Diskretion war früher geradezu sprichwörtlich. Doch im Kampf gegen Geldwäsche und Steuerhinterziehung hat sich die Schweiz beim Bankgeheimnis internationalen Gepflogenheiten zuletzt angenähert.

Alpenglühen und Steingigante

Das topografische Gesicht der Schweiz wird im Wesentlichen von Bergen bestimmt, liegt doch mehr als die Hälfte der Landesfläche – nämlich 60 % – in den Alpen, bekrönt von unzähligen Dreitausendern und 55 Viertausendern. Der höchste Schweizer Gipfel ist die Dufourspitze (4634 m) im Monte-Rosa-Massiv, den Titel des markantesten Berges beansprucht das weltberühmte Matterhorn (4478 m) für sich. Der Eiger (3970 m) mit seiner berüchtigten Nordwand hat sich einen Namen als gefährlichster Kletterplatz der Alpen gemacht.

In den Alpen vereinen sich eiszeitliche Gletscher, Wasserfälle, Wildbäche und stille Bergseen zu einem facettenreichen Naturraum. Der Aletschgletscher im Wallis ist mit 23 km das längste Eisfeld der Alpen, ebenso locken der tosende Rheinfall bei Schaffhausen, der

Am Aletschgletscher wälzt sich ein riesiger Eisstrom über 23 km Länge zu Tale

Vierwaldstättersee oder die wilde Klamm der Via Mala am Unterrhein.
Die Schweizer Bergwelt ist als Ferienregion bestens erschlossen, und wo keine Straße hinaufführt, kann man die grandiosen Berge bei einer Zugfahrt kennenlernen. Der Bernina Express etwa macht sich zwischen Frühling und Herbst auf die Reise, vorbei an blühenden Alpwiesen und hoch aufragenden Felsgiganten. Von Chur in Graubünden geht die Fahrt über den 2253 m hohen Berninapass in mehreren Schleifen hinab ins malerische Engadin und nach Italien, zum italienischen Zielort Tirano in der Lombardei.

» *In den rauhen Bergen schlagen milde Herzen.* «

Heinrich Federer (1866–1926), Schweizer Schriftsteller

Kunst- und Kulturschaffen

Die (vermeintlich) kleine Schweiz ist als Kulturland ganz groß. Neben der gotischen Kathedrale von Fribourg und Basels Münster hält sie auch prunkvollen Barock bereit, etwa in Solothurn, der »Märchenstadt mit den goldenen Dächern«, und feudale Prachtbauten wie das Château de Chillon bei Montreux aus dem 11. Jh.
Die Museumslandschaft der Schweiz ist außerordentlich reichhaltig. Selbstverständlich bieten die mehr als 700 Sammlungen Berühmtes aus heimischen Ateliers, allen voran Arbeiten von Arnold Böcklin, Ferdinand Hodler, Paul Klee, Jean Tinguely oder Alberto

In der Rathausbrauerei in Luzern wird kulinarische Tradition gepflegt

Giacometti. Daneben präsentieren die Kunstmuseen von Bern und Basel, das Landesmuseum in Zürich oder die Pinacoteca Casa Rusca in Locarno Meisterwerke internationaler Provenienz.

Rösti und andere Gaumenfreuden

Exportschlager der Schweizer Küche sind Fondue und Raclette sowie das deftige Kartoffelgericht Berner Rösti. Die Eidgenossen ihrerseits ließen sich kulinarisch von den Nachbarländern anregen. So kann man französische Haute Cuisine ebenso genießen wie Pastagerichte all'italiana oder die den schwäbischen Kässpätzle ähnelnden Knöpfli mit Appenzeller oder Emmentaler Bergkäse. Von höchster Qualität und daher weltweit begehrt sind auch die Schokoladen und Pralinen der Schweizer Confiserien.

Hauptstadt Bern (145 000 Einw.)

Sprache Die Landessprachen sind Deutsch, Französisch, Italienisch und Rätoromanisch.

Währung Schweizer Franken (CHF)

Staatsform Föderale Republik

Fläche 41 277 km² (ungefähr so groß wie die Niederlande ohne karibische Inseln)

Einwohner 8,54 Mio.

Religion 35,9 % Katholiken, 26,0 % Konfessionslose, 23,8 % Evangelisch-Reformierte, 5,9 % Freikirchler, Christkatholiken und Orthodoxe Christen, 5,4 % Muslime, 0,3 % Juden und 1,6 % andere Religionsangehörige

Oft gehörtes Sprichwort
»Nume nid gschprängt«
(dt. »Nichts überstürzen«)

Schweizer Exportschlager
Taschenmesser (»Schweizer Messer«)

Darauf sind viele Schweizer besonders stolz
Roger Federer – führte als bester Tennisspieler die Weltrangliste bislang am längsten an, seine Erfolge beflügeln die »New Swissness«.

Nationalheiliger Niklaus von Flüe (Bruder Klaus) (1417–1487) ist der Schutzpatron des Kantons Obwalden und der Schweiz (und auch der Päpstlichen Schweizergarde).

Das will ich erleben

Die Schweiz zeigt seinen Besuchern vielerlei Facetten: Da gibt es weiße Alpengipfel, glitzernde Seen, spektakuläre Wasserfälle, gemütliche Dörfer, lebhafte, junge Städte und mediterrane Uferpromenaden. Dazu gesellen sich erlesene Kunstsammlungen ebenso wie zeitvergessene Kirchen und Klöster. Wertkonservatives Handwerk hat ebenso seinen Platz wie traditionsreicher Weinbau. Fast scheint es, als habe Europa auf engster Fläche alles in der kleinen Alpenrepublik konzentriert, was eine Reise wert ist.

1

Schweizer Gastlichkeit

Vielfalt bestimmt auch die eidgenössische Gastronomie. Zur traditionellen Schweizer Küche mit Rösti, Fondue, Raclette und Co kommt die exzellente französische und italienische Lesart, die längst die Regionengrenzen überschritten haben. Zum kulinarischen Genuss gesellt sich außerdem ein perfekter Service.

6

Gipfelerlebnisse

Mag sein, dass mancher Eidgenosse ohne großes Zögern einen alpinen Drei- oder Viertausender gegen einen eigenen Zugang zum Meer eintauschen würde. Die Attraktivität der Schweizer Bergwelt ist für Besucher aus aller Welt hingegen ungebrochen. Stets sind die Wege hinauf auf den Gipfel bestens markiert und belohnen den strammen Wanderer mit Traumblicken.

Moderne Kunst und alte Meister

Kein Künstler ohne Mäzen: Den Schweizer Metropolen hat diese ewige Symbiose eine Vielzahl außergewöhnlicher Kunstsammlungen und hochkarätiger Museen beschert, die auf dem Besichtigungsprogramm jedes Besuschers keinesfalls fehlen sollten.

Kirchen, Klöster, Kathedralen

Erst die Vielzahl der Gotteshäuser macht bewusst, wie lange die Schweiz christlicher Siedlungsraum war und ist. Katholiken wie Reformierte haben dem Alpenland ihren Stempel aufgedrückt und sich mit zahlreichen sehenswerten sakralen Bauten verewigt.

Einzigartige Natur

Vom Wasser bestimmte Gegenden, von Menschenhand kultivierte Weinbauregionen oder ungezähmte Wildnis – in der Schweiz sind von Mensch und Natur besonders imposant geprägte Landschaften dank einer sehr guten Infrastruktur bequem erreichbar.

Burgen, Brücken, Bauwerke

Zahlreiche sehenswerte Gebäude zieren Stadt und Land, von Schlössern über Burgen bis hin zu Brücken. Mitunter ist der Architekt nicht überliefert, sein Werk aber dessen ungeachtet das unverkennbare Signet einer Stadt oder einer ganzen Region.

13 Kapellbrücke, Luzern 51
Das fotogene Wahrzeichen der »Leuchtenstadt«

31 Castelgrande, Bellinzona 90
Wehrhaftes Weltkulturerbe

48 Château de Chillon, Veytaux 115
Weinbaugebiet und Weltkulturerbe

Pulsierendes Nachtleben

Nichts gegen Après-Ski nahe der Pisten, aber die besten Clubs teilen sich die Schweizer Großstädte. Hier besteht eine bunte Vielzahl an Ausgehadressen, die meist die ganze Nacht geöffnet sind, denn in den meisten Metropolen der Alpenrepublik ist die Sperrstunde zur Freude der Nachtschwärmer längst abgeschafft.

1 Nordstern, Basel 22
Angesagter Techno-Club auf Rheindampfer

8 Kaufleuten, Zürich 37
Livemusik und literarische Lesungen

8 Moods, Zürich 41
Jazz, Soul, Pop und Rock in ehemaliger Fabrik

Tierische Attraktionen

Renommierte Tierparks, darunter der älteste der Schweiz in Basel oder nicht weniger berühmt der Züricher Zoo, oder eine außergewöhnliche Begegnung mit Seelöwen – ganz unterschiedliche, aber immer reizvolle Ziele für Tierbegeisterte finden sich in vielen Kantonen und sind beliebtes Ausflugsziel für Groß und Klein.

1 Zoo Basel 20
Der »Zolli« hat den größten Tierbestand der Schweiz

4 Conny-Land, Lipperswil 28
Größter Schweizer Freizeitpark, mit Seelöwen-Lagune

8 Zoo Zürich 39
In der Masoala-Halle wuchert der Regenwald

See- und Flussbäder

Das Lebenselixier Wasser ist auch bei den Eidgenossen ein ganz zentrales Thema. Ihre urbanen Bäder sind nicht nur bei den Einheimischen beliebt, sie regen selbst Städteplaner in Australien, in Frankfurt, in den Vereinigten Arabischen Emiraten und in den USA an.

8

Kinder-Lieblingsziele

In der Schweiz herrscht keinerlei Mangel an kurzweiligen und spannenden Reisezielen für junge Familien oder Großeltern, die mit kleinen Kindern oder Heranwachsenden reisen und dringend eine Abwechslung zum Sightseeing-Programm benötigen.

48

Geschenkideen made in Switzerland

Uhr und Taschenmesser haben Sie schon? Von diesen üblichen Schweizer Mitbringseln abgesehen gibt es noch weitere schweiztypische Souvenirs, mit denen Sie sich oder Ihren Freunden mit vergleichsweise geringem Aufwand eine Freude bereiten können.

8

Unterwegs

Bergwanderungen mit Aussicht – hier im Berner Oberland – versprechen unvergessliche Erlebnisse in der Natur. Doch auch die Schweizer (Groß-)Städte sollten auf dem Reiseplan nicht fehlen.

Nord- und Ostschweiz

Kunstsammlungen, Banken, Museen und Zoos: Basel gilt als Tor der Schweiz zu Europa, Zürich ist internationaler Finanzplatz

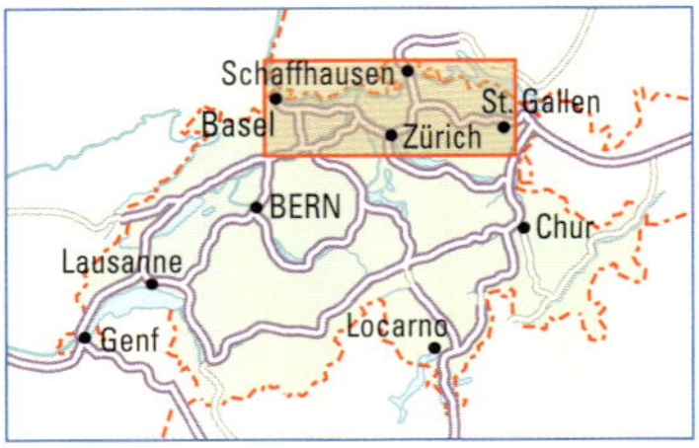

Fast jede Fernstraße, die aus dem Norden in die Schweiz führt, tangiert eine der beiden Metropolen: Basel oder Zürich. Und genau dieses Tangieren ist viel zu wenig und wird beiden Städten nicht gerecht – denn mit ein klein wenig mehr Aufwand lässt sich hier sehr viel erleben. Es mag sein, dass beide eidgenössischen Großstädte nicht allzu viel mit den gängigen Vorstellungen von einem »Schweiz-Idyll« gemein haben, doch wer Basel und Zürich auslässt, geht das Risiko ein, an den bedeutendsten Kunst- und Kulturzentren des Landes geradewegs vorbeizueilen: neben Museen mit überaus renommierten Sammlungen auch an spannenden urbanen Hotspots, wie etwa der Boomtown Zürich-West, die sich vom Industriequartier zum Trendviertel entwickelt.

Natürlich erschöpfen sich weder die Nord- noch die Ostschweiz in den Großstädten Basel und Zürich. Für die landschaftlichen Highlights der Region sorgen Schaffhausens Rheinfall, das eidgenössische Bodenseeufer und das ruhige Appenzellerland mit dem 2.501 m hohen Aussichtsgipfel Säntis. Auch der eindrucksvolle Panoramablick auf die mächtigen Gipfel des Alpenhauptkammes weiter südlich verdient mehr als nur einen flüchtigen Moment kurzen Innehaltens.

In diesem Kapitel:

ADAC Top Tipps:

1 Rheinfall von Schaffhausen
| Wasserfall |
Die geballte Kraft des Rheins tritt 4 km westlich von Schaffhausen in einem beeindruckenden Naturschauspiel zutage – in der ersten Nachthälfte spektakulär beleuchtet. 25

2 Stiftsbezirk St. Gallen
| Architekturensemble |
Der Stiftsbezirk St. Gallen wird als Weltkulturerbe von der UNESCO geschützt. Der ehemalige Klosterkomplex ist ein Glücksfall der kulturellen Überlieferung. 28

ADAC Empfehlungen:

1 **Kunstmuseum Basel**
| Museum |
Die Stadt am Rheinknie beherbergt die größte und bedeutendste Kunstsammlung der Schweiz. 19

2 **Gifthüttli, Basel**
| Restaurant |
Die urige Bier- und Weinstube mit ungewöhnlicher Geschichte liegt im Herzen der Basler Altstadt. 21

3 **Fondation Beyeler, Basel**
| Museum |
Werke der klassischen Moderne bringt Renzo Pianos Basler Museumsbau zur Geltung. 23

4 **Sammlung Oskar Reinhart am Römerholz, Winterthur**
| Museum |
Werke von Brueghel d.Ä., Rembrandt, El Greco oder Goya werden in der Winterthurer Villa des Industriellen und Mäzens Reinhart gezeigt. 31

5 **St. Peter, Zürich**
| Kirche |
Der Kirchturm ist dank seiner riesigen Uhr weithin bekannt. Nur wenige wissen, dass man ihn besteigen und die Aussicht genießen kann. 36

6 **Kunsthaus Zürich**
| Museum |
Dank eines neuen Erweiterungsbaus wird künftig noch mehr von der bedeutendsten Sammlung der Limmat-Stadt zu sehen sein. 38

7 **Zoo Zürich**
| Zoo |
Im Grunde sind bereits Flora und Fauna Madagaskars, die in der Masoala-Halle zu Hause sind, Anreise und Eintrittsgeld wert. 39

8 **Blindekuh, Zürich**
| Dunkelrestaurant |
Der Service dieser gastronomische Institution kommt gänzlich ohne Licht aus. Auch die Gäste sind auf vier ihrer fünf Sinne reduziert. 42

1 Basel

Willkommen in der Metropole des Dreiländerecks

Die Basler Altstadt am linken Rheinufer wird vom Münster überragt

i Information

- Basel Tourismus, Informationsbüros im Stadtcasino am Barfüsserplatz, Steinenberg 14, und im Bahnhof SBB, Centralbahnstr. 20, 4051 Basel, Tel. 06 12 68 68 68, www.basel.com
- Parken siehe S. 20

Basel ist zugleich bedeutender Industriestandort, smarte Kunstmetropole und internationaler Messeplatz. Die drittgrößte Stadt der Schweiz zählt mehr als 200 000 Einwohner. Sie liegt verkehrsgünstig am sogenannten Rheinknie, in unmittelbarer Nachbarschaft zu Deutschland und Frankreich. Schon seit 1460 ist Basel die erste und inzwischen älteste Universitätsstadt der Schweiz. Das Fußgängern vorbehaltene Zentrum bildet die Altstadt zwischen Marktplatz und Münsterhügel mit der 20 m hohen Pfalz-Terrasse, die einen weitreichenden Blick auf Rhein und Rheinknie erlaubt. Der hier noch klare Rhein durchströmt und teilt die Stadt: Die linksrheinische ältere Stadthälfte Grossbasel ist durch sechs Brücken und vier nostalgische Personenfähren mit dem rechtsrheinischen Kleinbasel verbunden. An Sommertagen zählt das Baden im Rhein zu den selbstverständlichen Alltagsfreuden vieler Basler und ihrer Besucher.

Plan
S. 21

Sehenswert

1 Basler Münster

| Dom |

Hoch über dem Rhein thront das Basler Münster im mittelalterlichen Zentrum am linken Ufer. Der heutige dritte Bau des Wahrzeichens der Stadt entstand während des letzten Drittels des 12. Jh. in spätromanischem Stil. Seit dem Bildersturm der Reformationsbewegung (9. Februar 1529) ist das Münster die Hauptkirche der evangelisch-reformierten Kirche Basel-Stadt. Dem Münster vorgelagert ist der Münsterplatz, der von repräsentativen Bürgerhäusern eingefasst wird.

■ Münsterplatz 9, www.baslermuenster.ch, im Sommer tgl. ab 10, im Winter ab 11 Uhr, Turmbesteigung (Georgs- und Martinsturm) 5 CHF

2 Kunstmuseum Basel

| Museum |

1 *Im markanten Kubus versammeln sich Glanzlichter der Weltkunst*

Östlich des Münsters residiert die größte und bedeutendste Kunstsammlung der Schweiz. Gegenüber dem neoklassizistischen Hauptbau von 1936 und mit diesem unterirdisch verbunden, wurde 2016 ein architektonisch interessanter Erweiterungsbau eröffnet. Überwältigend ist die Fülle an Glanzlichtern der Weltkunst, die sieben Jahrhunderte umspannen, darunter Werke von Lucas Cranach d.Ä., Matthias Grünewald, Hans Holbein d.J., Rubens, Rembrandt, Auguste Renoir, Claude Monet und Edgar Degas. Aus dem Atelier Pablo Picassos kommen 17 Gemälde aller Schaffensphasen. Das Kunsterlebnis wird abgerundet durch Expressionisten, Dadaisten, Surrealisten, amerikanische Pop Art sowie durch Skulpturen von Rodin, Giacometti, Beuys und Chillida.

■ St. Alban-Graben 16 und 20, www.kunstmuseumbasel.ch, Di–So 10–18, Mi bis 20 Uhr, 32 CHF, Kinder (bis 12 J.) frei

ADAC *Spartipp*

Dienstag ist im Kunstmuseum Basel **Museumstag**, dann kostet der Eintritt 16 CHF (statt 32 CHF) für alle Ausstellungen.

ADAC *Wussten Sie schon?*

Einen zehnminütigen Fußweg entfernt befindet sich der dritte Museumsstandort des Kunstmuseums Basel, das **Kunstmuseum Basel | Gegenwart**. Es wurde 1980 unter dem Namen Museum für Gegenwartskunst als eines der ersten Museen weltweit eröffnet, das ausschließlich zeitgenössischer Kunst gewidmet war.
St. Alban-Rheinweg 60, www.kunstmuseumbasel.ch, Di–So 10–18, Do bis 20 Uhr

3 Zoo Basel

| Tierpark |

Ihren zoologischen Garten nennen alteingesessene Basler liebevoll »Zolli«. Der Zoo nimmt eine Fläche von 11 ha im Stadtquartier Basel-Bachletten ein und wurde bereits im Jahr 1874 eröffnet: Somit ist der Zolli der älteste Tierpark der Schweiz. Der Zoo Basel ist ein ganzjährig beliebtes Ausflugsziel: er verfügt innerhalb der Schweiz über den mit Abstand größten Tierbestand. Dank außergewöhnlicher Zuchterfolge bei Flachlandgorillas, Panzernashörnern und Zwergflusspferden gilt er als einer der bedeutenden europäischen Zoos. Es können auch Abendführungen gebucht werden.

■ Binningerstr. 40, www.zoobasel.ch, tgl. 8.30–18 Uhr, 21 CHF, Kinder (bis 6 J.) frei

4 Jean-Tinguely-Museum

| Museum |

Am Rheinufer unweit der Schwarzwaldbrücke erhebt sich das Jean-Tinguely-Museum. Der Tessiner Star-Architekt Mario Botta entwarf das rechteckige Bauwerk aus Backstein, Beton und Glas, um die »Schrottkunst« des unkonventionellen Schweizer Künstlers Jean Tinguely (1925–1991) aufzunehmen: für dessen motorisierte Maschinenskulpturen, kinetische Reliefs und irrwitzige Installationen aus Alteisen und Plastik. Die Glanzlichter der Schau sind die Riesenskulptur »Fata Morgana« und der Werkzyklus »Mengele-Totentanz«.

■ Paul Sacher-Anlage 2, www.tinguely.ch, Di–So 11–18 Uhr, 18 CHF, Kinder (bis 16 J.) frei

P Parken

Die Stadt Basel besitzt ein permanentes **Parkleitsystem:** Innerhalb des Cityrings zeigen dynamische Wegweiser den Autofahrern aktuelle Informationen zur Anzahl freier Parkplätze in den Parkhäusern an. ■ www.parkleitsystem-basel.ch/status.php

ADAC *Mobil*

Eine Stiftung, Sponsoren und ein Verein sichern die vier archaischen **Basler Passagierfähren** finanziell ab. Alle vier sind sog. Gierseilfähren und pendeln geräuschlos, allein durch die Wasserkraft vorangetrieben, am Rheinknie zwischen Gross- und Kleinbasel und kosten 1,60 CHF für Erwachsene und 0,80 CHF für Kinder.
St. Alban Fähre »Wild Maa« zw. Schwarzwaldbrücke und Wettsteinbrücke; **Münster-Fähre »Leu«** zw. Wettsteinbrücke und Mittlerer Brücke; **Klingental-Fähre »Vogel Gryff«** zw. Mittlerer Brücke und Johanniterbrücke; **St. Johann-Fähre »Uel«** zw. Johanniterbrücke und Dreirosenbrücke

Verkehrsmittel

Am SBB-Bahnhof können bei Rent a Bike **E-Bikes** für 20 CHF/Tag angemietet werden. ■ Plan S. 21, a2

Restaurants

€–€€ | **Schnabel** Traditionelle Basler »Beiz«, die regionale Spezialitäten und gutbürgerliche Küche auf den Tisch bringt. ■ Trillengässlein 2, Tel. 06 12 61 21 21, www.restaurant-schnabel.ch, So geschl., Plan S. 21, a1

2 €€ | **Gifthüttli** Die Bier- und Weinstube im Herzen der Altstadt zählt zu den traditionsreichsten Restaurants Basels. Sie ist heute vor allem bekannt für ihre saftigen Cordon bleu, die hier in zwölf Variationen serviert werden. Der Name Gifthüttli erinnert an die Zeit, als Bier, das nicht direkt beim Bierbrauer getrunken wurde, kurzerhand als Gift bezeichnet wurde. Der einstige Wirt Innocenz Weiss kapitulierte nicht vor dem Verdrängungsstreben der Basler Hausbrauereien, nahm's mit Humor und taufte sein Restaurant von »Zum Ritter St. Georg« zu »Gifthüttli« um. ■ Schneidergasse 11, Tel. 06 12 61 16 56, www.gifthuettli.ch, tgl. 9.30–23 Uhr, Plan S. 21, a1

€€ | **Safran Zunft** Historisches Zunfthaus, das trotz des vornehmen Ambientes von Montag bis Samstag ein sehr gutes und erschwingliches Mittagsmenü (ca. 23 CHF) bietet. ■ Gerbergasse 11, Tel. 06 12 69 94 94, www.safran-zunft.ch, So geschl., Plan S. 21, b1

Einkaufen

Markthalle Die Basler Markthalle bietet allerlei Qualitätsprodukte und einen Nachtflohmarkt für Morgenmuffel. ■ Steinentorberg 20, www.altemarkthalle.ch, Mo 8–19, Di–Mi 8–24, Do 8–1, Fr, Sa 8–2 und So 9–17 Uhr, Plan S. 21, a2

London Tea In der größten und ältesten Tee-Manufaktur der Schweiz werden die Teesorten vor Ort gemischt. ■ Spalenberg 10, Tel. 06 14 11 95 96, www.london-tea.ch/tee, Öffnungszeiten siehe Markthalle, Plan S. 21, a1

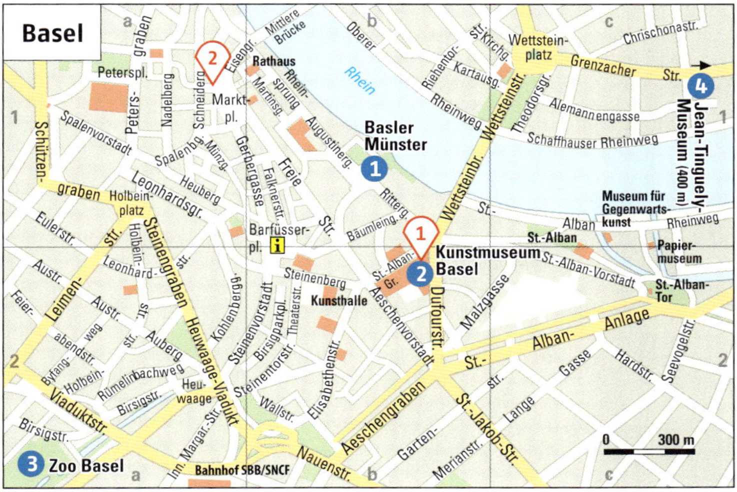

Im Blickpunkt

Die Narren sind los

Wenn andernorts längst karnevalistische Kater- und Kehrausstimmung herrscht, startet die Basler Fasnacht: am Montag nach Aschermittwoch, um 4 Uhr früh, mit dem spektakulären Morgenstreich. Tausende kostümierte Trommler und Pfeifer ziehen in Cliquen oder kleinen Gruppen, sog. »Schyssdräggziigli«, musizierend durch die Altstadt. Sie intonieren das namensgleiche Marschmusikstück »Morgestraich«, ein altes militärisches Sammlungssignal. Guggenmusiken, Formationen mit Blechblas- und Schlaginstrumenten, nehmen am Morgenstreich noch nicht teil: Die Trommel- und Piccoloklänge der Cliquen sollen nicht übertönt werden. Im Gegenzug dürfen die Guggenmusiken am Dienstagabend die Innenstadt für sich alleine in Anspruch nehmen. Am Montag- und Mittwochnachmittag findet jeweils ein großer Umzug (»Cortège«) statt. Beide verfolgen alljährlich Zehntausende Schaulustige.

Xocolatl Das Schokoladenfachgeschäft befindet sich in der Basler Altstadt und führt rund 600 Kakao- und Schokoladenprodukte aus aller Herren Länder. ■ Marktgasse 6, Tel. 06 12 62 01 05, www.xocolatl-basel.ch, Mo–Fr 9–18.30, Sa 9–18 Uhr, Plan S. 21, a1

Kneipen, Bars und Clubs

Nordstern Die Basler Techno-Disco liegt beim Dreiländereck vor Anker: Ein 100 m langes Transportschiff nimmt den renommierten Club auf. Sein exzellentes Soundsystem wird von weltweit erfolgreichen DJs wie Carl Craig oder Sven Väth geschätzt. ■ Westquaistr. 19, www.nordstern.com, Do, Fr und Sa ab 23 Uhr; Anfahrt: Tram 8 oder Bus 36 bis Haltestelle Kleinhüningen, dann 5 Min. Fußweg zum Rhein, Plan S. 21, nördl. a1

Events

Blues Festival Basel Jährlich stattfindendes Jazz-Festival im Volkshaus Basel. ■ www.bluesbasel.ch, Mitte April

Erlebnisse

Basler Personenschifffahrt Bietet Ausflugs- und Pendelfahrten auf dem Rhein, etwa ab Anlegestelle Schifflände via Augst nach Rheinfelden und zurück (34 CHF). Außerdem Brunch-, Dinner-, Sundowner- und Schleusenfahrten. ■ Westquaistr. 62, www.bpg.ch

Entspannung

Rheinbad Breite/Sauna am Rhy Die beliebte Badeanstalt auf historisch hochbeinigem Stahlgerüst über dem Rhein bietet zwei Liege-Plattformen auf unterschiedlicher Höhe. Aus baulichen Gründen ist das »Badhysli« nicht für Kinder geeignet. Außerhalb der Badesaison wird das Rheinbad zur finnischen Sauna (90° C). ■ St. Alban-Rheinweg 195, www.badi-info.ch/bs/breite.html, April–Sept. Badezeiten Mo–Fr 11–20, Sa, So 10–20 Uhr, Tageskarte 6 CHF; Sauna am Rhy: www.sauna-am-rhy.ch, Okt.–März tgl. 12–20 Uhr, Tageskarte 30 CHF, Plan S. 21, östl. c2

In der Umgebung

Fondation Beyeler

| Museum |

3 *Werke der klassischen Moderne in Renzo Pianos Museumsbau*

Der nach Plänen Renzo Pianos errichtete Museumsbau birgt die Kollektion der Galeristen Ernst und Hildy Beyeler mit ungefähr 200 Werken der klassischen Moderne sowie Exempeln afrikanischer und ozeanischer Kunst. Zu den Highlights zählen Gemälde von Vincent van Gogh, Cézanne, Kandinsky, Roy Lichtenstein und Andy Warhol. ■ Baselstr. 101, 4125 Riehen, www.fondationbeyeler.ch, tgl. 10–18, Mi bis 20 Uhr, Tram 6 ab Badischer Bahnhof, wechselnde Ausstellungen zu unterschiedl. Eintrittspreisen, ca. 25 CHF

Fondation Beyeler: hochkarätige Kunst in faszinierender Museumsarchitektur

Augusta Raurica

| Ausgrabung |

In seiner Blütezeit im 2. Jh. zählte die ausgegrabene Siedlung Augusta Raurica etwa 20 000 Einwohner. Fortlaufende Ausgrabungen förderten hier bislang ein Theater sowie Reste von Tempeln, Thermen und Wohnquartiere zutage. Ein nachgebautes Römerhaus zeigt, wie es sich die alten Römer wohl sein ließen. Highlight des zugehörigen Museums mit 270 Objekten ist der Silberschatz von Kaiseraugst.

■ Giebenacherstr. 17, 4302 Augst (19 km östl. von Basel), www.augustaraurica.ch, tgl. 10–17 Uhr, 8 CHF, Kinder (bis 6 J.) frei

Goetheanum

| Architektur |

In Dornach, 8 km südlich von Basel, hat die von Rudolf Steiner (1861–1925) begründete Anthroposophische Gesellschaft ihren Sitz Goetheanum. Der expressive Sichtbetonbau verzichtet auf rechte Winkel, einschließlich der typischen asymmetrischen abgeschrägten Fensteröffnungen. Im Großen Saal werden Rudolf Steiners Mysterienspiele, Choreografien des anthroposophischen Tanzstils Eurythmie und Theaterklassiker aufgeführt (www.goetheanum-buehne.ch).

■ Rüttiweg 45, 4143 Dornach, www.goetheanum.ch, tgl. 8–22 Uhr

2 Schaffhausen

Der Rheinfall, die »Niagarafälle Europas«, machte die alte Handelsstadt berühmt

Information

■ Schaffhauserland Tourismus, Herrenacker 15, 8200 Schaffhausen, Tel. 05 26 32 40 20, www.schaffhauserland.ch und Info-Shop Rheinfall, Rheinfallquai, Neuhausen am Rheinfall, Tel. 05 26 70 02 37, www.rheinfall.ch

Schaffhausen, die heute 36 500 Einwohner zählende Hauptstadt des gleichnamigen Kantons, liegt flussaufwärts am Nordufer des Rheins. Ihr Name geht auf ein Bootshaus (= Scafhus) am nahen Rheinfall zurück, an dem früher Lastkähne entladen wurden. Vom mittelalterlichen Warenumschlagplatz entwickelte sich die Stadt zum betriebsamen Standort der Textil- und Eisenindustrie. Rund um das Münster Allerheiligen laden malerische Gassen zum Bummeln ein. Stattliche Patrizierhäuser stehen in der zum Fronwagplatz führenden Vordergasse. Auf Hausnummer 8 befindet sich auch das Rathaus von 1412.

Sehenswert

Münster Allerheiligen

| Kirche |

Nahe dem Rheinufer erhebt sich das Münster Allerheiligen, eine flach gedeckte Säulenbasilika aus hellem Stein mit Viereckturm. Sie wurde 1087–1150 als Stiftskirche der Benediktinerabtei Allerheiligen errichtet und besitzt noch die erhabene Größe und Schlichtheit der Romanik. Ein südlich

Aussichtsplattformen gewähren einen perfekten Blick auf den Rheinfall

angebauter kleiner Hof birgt die große Osannaglocke von 1486, die Friedrich von Schiller zum Gedicht »Die Glocke« inspirierte. Das Münster ist heute eine evangelisch-reformierte Pfarrkirche. In den angrenzenden Klostergebäuden zeigt das Museum zu Allerheiligen archäologische Funde, Schweizer Kunst des 15.–21. Jh. und eine Dauerausstellung zur Menschheitsgeschichte.

■ Klosterstr. 16, www.allerheiligen.ch, Di–So 11–17 Uhr, 12 CHF, Kinder/Jugendl. (bis 25 J.) frei

Festung Munot

| Kastell |

Schaffhausens Wahrzeichen ist die auf einem Weinberg thronende Festung Munot. Das weiße kreisrunde Kastell, 1564-89 nach Plänen von Albrecht Dürer (1471–1528) errichtet, überragt die pittoreske Altstadt und bietet seinen Besuchern weitreichende Aussicht auf Schaffhausen und den Rhein.

■ Munotstieg 17, www.munot.ch, Mai–Sept. tgl. 8–20, Okt.–April tgl. 9–17 Uhr, Eintritt frei

Rheinfall von Schaffhausen

| Wasserfall |

1 *Die geballte Kraft des Rheins tritt hier donnernd zutage*

Nur 4 km westlich von Schaffhausen stürzt der Rhein auf einer Breite von 150 m mit donnerndem Getöse eine 23 m hohe Kalkschwelle hinab. Der Rheinfall ist zwar nicht der höchste, doch was die Wassermassen angeht, der beeindruckendste Wasserfall Mitteleuropas. Zwischen 200 bis 700 m³ Wasser rauschen hier pro Sekunde herab. Außer in Vollmondnächten wird der Rheinfall ganzjährig vom Einbruch der Dunkelheit bis gegen 23 Uhr spektakulär beleuchtet.

P Parken

Der **Rheinfall-Parkplatz P4** befindet sich an der Nohlstrasse in Neuhausen (5 CHF für die 1. Std., 2 CHF/Folgestunden). Die Parkplätze beim Schloss Laufen sind kostenlos.

Restaurants

€€€ | **Schloss Laufen** Ehemaliger Adelssitz mit Restaurant, Panoramalift und Belvedere-Weg zum Wasserfall sowie Aussichtsterrasse. ■ Rheinfallquai 30, 8212 Laufen-Uhwiesen, Tel. 05 26 59 67 67, www.schlosslaufen.ch, Tickets zum Rheinfall 5 CHF

Kinder

Spielplatz Am rechten (nördlichen) Rheinufer befindet sich ein großer Spielplatz, direkt am Rheinfallbecken.

Smilestones Sehenswerte Miniaturwelt am Rheinfall: Die barrierefreie Anlage mit 1000 m Modellbahngleisen, 80 Zügen, 350 Automobilen und über 8000 Miniaturfiguren spiegelt die Schweiz samt Rheinfall auf 120 m² im Bonsai-Format wider. ■ Industrieplatz 3, Neuhausen, tgl. 10–18, Winter 13–18 Uhr, 19 CHF, Kinder (bis 6 J.) frei

Erlebnisse

Bootstouren zum Rheinfall Die Wucht des herabstürzenden Wassers lässt sich hautnah erleben, wenn man mit einem Boot so nah wie möglich an die Kaskaden heranfährt. ■ Rhyfall Mändli, Neuhausen, ab Schlössli Wörth, www.rhyfall-maendli.ch, April–Okt., 15 Min. 4 CHF, Kinder (bis 6 J.) frei; Schiffmändli, Nohl, ab Schlössli Wörth, www.schiffmaendli.ch, April–Okt., 30 Min. 9 CHF

Sport

Adventure-Park Sportliche Kletterfans hangeln sich von Baumwipfel zu Baumwipfel und genießen eine großartige Aussicht auf den Rheinfall. ■ Nohlstraße, Neuhausen, www.ap-rheinfall.ch, April–Okt. tgl. 10–19 Uhr, 40 CHF, Kinder (4–7 J.) 16 CHF

3 Stein am Rhein

Das Städtchen präsentiert mittelalterliches Flair in R(h)einkultur

Information

■ Tourismus Stein am Rhein, Oberstadt 3, 8260 Stein am Rhein, Tel. 05 26 32 40 32, www.tourismus.steinamrhein.ch

Etwa 3300 Menschen leben in dem schmucken mittelalterlichen Städtchen am Untersee, wie der Rhein bei seinem breiten Ausfluss im Westen des Bodensees genannt wird, und mehr als 1 Mio. Tagesausflügler jährlich besuchen die fotogene Altstadt unterhalb der Burg Hohenklingen. Prunkstück des Ortes ist der Rathausplatz. Er ist umgeben von größtenteils gotischen Bürgerhäusern, deren Fachwerkgiebel, Erker und reiche Fassadenmalereien eine Augenweide sind.

Sehenswert

St. Georgen

| Museum |

Östlich des Rathausplatzes liegt der ehemalige Klosterkomplex St. Georgen, den eine auf das 11. Jh. zurückgehende romanische Säulenbasilika optisch dominiert. Das 1524 säkularisierte Benediktinerkloster beherbergt heute das Klostermuseum St. Georgen. Besondere Beachtung verdienen die Renaissancefresken im Festsaal.

■ Fischmarkt 3, www.klostersanktgeorgen.ch, April–Okt. Di–So 10–17 Uhr, 5 CHF, Kinder (bis 16 J.) frei

Restaurants

€€€ | **Burg Hohenklingen** Die weithin sichtbare Burg entstand um 1200 aus einem wehrhaften Wohnturm. Gelungen renoviert, nimmt sie heute ein Restaurant auf, das wegen seiner Küche wie auch wegen der hier gebotenen Aussicht gesucht wird. ■ Hohenklingenstr. 1, Tel. 05 27 41 21 37, www.burghohenklingen.com, Mo geschl.

In der Umgebung

Kartause Ittingen

| Museum |

10 km südlich von Stein am Rhein erreicht man bei Frauenfeld die einstige Kartause Ittingen. Das 1152 von Augustinern gegründete Stift wurde 1461 an die Kartäuser verkauft. Das Kloster wurde 1848 aufgelöst, doch eine Stiftung betreibt in der umfassend restaurierten Anlage eine Begegnungsstätte, an die ein Gasthof, ein Klosterladen und zwei Museen angeschlossen sind. Das Ittinger Museum macht die 1703 im Rokokostil erneuerte Stiftskirche zugänglich. Der Kircheninnenraum ist üppig mit Deckenfresken und Stuckaturen ausgeschmückt. Das Kunstmuseum Thurgau zeigt naive Malerei, vor allem Werke des Thurgauer Künstlers Adolf Dietrich (1877–1957).

■ 8532 Warth, www.kartause.ch, Museen: Mai–Sept. tgl. 11–18, Okt.–April Mo–Fr 14–17, Sa, So 11–17 Uhr, je 10 CHF, Kinder (bis 16 J.) frei

4 Kreuzlingen

Aus drei Dörfern entstanden, steht die Stadt für Lebensqualität am Bodensee

Information

■ Kreuzlingen Tourismus, Hauptstr. 39, 8280 Kreuzlingen, Tel. 071 672 38 40, https://thurgau-bodensee.ch

Junge Stadt mit altem Namen: Die Grenzstadt Kreuzlingen (22 000 Einw.) entstand Ende der 1920er-Jahre aus den Dörfern Egelshofen, Emmishofen und Kurzrickenbach. Der Name Kreuzlingen geht auf das 1125 vom Konstanzer Bischof hier gegründete Augustinerstift Cruzelin zurück. Heute ist Kreuzlingen der zweitgrößte Ort im Kanton Thurgau und die größte Schweizer Stadt am Bodensee. Durch die unmittelbare Lage an der Grenze besitzt Kreuzlingen den höchsten Ausländeranteil (ca. 29 % Deutsche) der Ostschweiz. Der Trumpf der Stadt ist ihre hohe Lebensqualität und die privilegierte Lage am Bodensee.

Sehenswert

Seeburgpark

| Parkanlage |

Das Herzstück von Kreuzlingens Uferanlagen bildet der teils naturbelassene Seeburgpark. Mit einer Uferlänge von mehr als 2 km besitzt die Stadt den größten öffentlichen Erholungs- und Natur-Erlebnis-Park am Bodensee. Im Sommer bietet die lange Uferstrecke vielfältige Möglichkeiten zum Baden im See. Auch ein 15,4 m hoher Aussichtsturm lässt sich besteigen, der einen schönen Blick über Kreuzlingen und den Bodensee gewährt.

Parken

Am Seeburgpark stehen öffentliche Parkplätze zur Verfügung.

Restaurants

€€ | **Schloss Seeburg** 1598 als Freisitz eines Konstanzer Junkers erbaut, nimmt die Seeburg seit dem Jahr 2011 ein gediegenes Restaurant auf. ■ Seeweg 5, Tel. 071 688 40 40, www.schloss-seeburg.ch, Mo geschl.

Kinder

Seeburgpark Die Parkanlage bietet Vergnügen für die ganze Familie. Für Kurzweil sorgen etwa der Frisbee-Parcours, ein Kinder- und Abenteuerspielplatz, Minigolf, Tierpark, Barfußweg und Heilkräutergarten.

Kreuzlingens Schloss Seeburg präsentiert sich im historistischen Stil

Conny-Land Der 3 ha große Freizeitpark 10 km südwestl. von Kreuzlingen bietet erlebnishungrigen Familien vielfältige Attraktionen, etwa Looping-Achterbahn, Riesenrutschen, die Seilbahn »Mammut Tree« mit atemberaubendem Freifall-Effekt u.v.m. ■ Connylandstr. 1, 8564 Lipperswil, www.connyland.ch, April–Mitte Okt. tgl. 10–18 Uhr, 31 CHF, Kinder (bis 4 J.) frei

5 St. Gallen

Berühmtes Kloster und andere architektonische Meisterwerke

Information

■ St. Gallen-Bodensee Tourismus, Bankgasse 9, 9001 St. Gallen, Tel. 07 12 27 37 19, www.st.gallen-bodensee.ch

St. Gallen (76 000 Einw.) liegt 15 km südlich des Bodensees. Die Universitätsstadt ist das kulturelle und wirtschaftliche Zentrum des gleichnamigen Ostschweizer Kantons. Ab dem 16. Jh. kamen St. Gallen und seine Einwohner durch die Stickerei- und Textilindustrie zu Wohlstand. Davon zeugen die malerischen Fachwerkhäuser in der Altstadt, die vor allem die Marktund die parallel dazu verlaufende Kugelgasse säumen.

Die Anfänge der Stadt reichen bis ins Jahr 612 zurück, als der irische Wandermönch Gallus in dem engen Hochtal der Steinach eine Einsiedelei errichtete, aus der gut 100 Jahre später ein einflussreiches Benediktinerkloster entstand. Während seiner Blüte war das Galluskloster ein Eckpfeiler der abendländischen Kultur, ein Ort der Wissenschaft und eine Stätte von großer Strahlkraft. Seine Äbte stellten ab 1206 bis zur Aufhebung der Abtei im Jahr 1805 die Reichsfürsten mit Sitz und Stimme im Reichstag des Heiligen Römischen Reiches. Seit dem Jahr 1826 dienen die repräsentativen Gebäude des Klosters als Bischofsresidenz.

Sehenswert

Stiftsbezirk

| Architekturensemble |

2 *Der Stiftsbezirk ist als Weltkulturerbe von der UNESCO geschützt*

Die ehemalige den Heiligen Gallus und Otmar geweihte Klosterkirche und der weltberühmte Barocksaal der Stiftsbibliothek zählen zu den bedeutendsten Werken des europäischen Rokoko. Den heutigen Kathedralbau errichteten 1755–66 die Baumeister Johann Kaspar Bagnato, Peter Thumb und Johann Michael Beer aus hellem Sandstein. Im reich ausgestatteten Innenraum ergänzen sich Stuckaturen, Fresken, Plastiken und Holzarbeiten zu einem harmonischen Gesamtkunstwerk des Rokoko. Viele der im Fürstbistum St. Gallen entstandenen und archivierten Handschriften und Urkunden überdauerten an Ort und Stelle Brände sowie die Aufhebung des Klosters im Jahr 1805.

■ Klosterhof, St. Gallen, www.stiftsbezirk.ch, Mo–Do 6–19, Fr–So 7–19 Uhr, im Winter bis 18.30 Uhr

Stiftsbibliothek

| Museum |

Die überreich mit Deckengemälden, Stuck, Holzschnitzereien und -intarsien geschmückte Stiftsbibliothek gestaltete Baumeister Peter Thumb in der zweiten Hälfte des 18. Jh. Auf ihn geht auch der überaus prächtige Rokokosaal zurück. Heute dürfen Besu-

Dunkle Gewölbemalereien prägen den Innenraum der St. Gallener Stiftskirche

cher nur in dicken Filzpantoffeln über das kostbare Parkett dieses zweigeschossigen Lesesaals schlurfen. In den deckenhohen Intarsienschränken aus Kirsch- und Nussbaumholz, die sich entlang der Wände reihen, sind etwa 2000 Handschriften und 130 000 in Leder gebundene Folianten aufgereiht.

■ Klosterhof 6D, St. Gallen, www.stibi.ch, tgl. 10–17 Uhr, 18 CHF, Kinder (bis 16 J.) frei

St. Laurenzen

| Kirche |

Nördlich des Stiftsbezirks zieht das farbig gedeckte Steildach der evangelisch-reformierten Stadtkirche St. Laurenzen die Blicke auf sich. Die Kirche wurde in acht Bauphasen (von der ersten Hälfte des 12. Jh. bis 1854) mehrfach umgestaltet. Heute überragt ihr 73 m hoher Kirchturm selbst die beiden Türme der Stiftskirche (um 5 m); er steht Besuchern (nach telefon. Vereinbarung) offen und bietet eine weitreichende Aussicht über die Dächer der Stadt und das Appenzellerland.

■ Marktgasse 25, Tel. 07 12 22 67 92

Textilmuseum

| Museum |

Das Textilmuseum dokumentiert die große Zeit der St. Galler Stickerei. Die Ausstellung umfasst historische Spitzen, Kostüme und Musterbücher mit Stoffproben. Sehenswert ist eine mit Szenen aus Napoleons Leben filigran bestickte Tischdecke aus dem 19. Jh.

■ Vadianstr. 2, www.textilmuseum.ch, tgl. 10–17 Uhr, 12 CHF, Kinder frei

Restaurants

€€ | **Zum Goldenen Schäfli** Eine nach ihrer Lage im Obergeschoss benannte »Erststockbeizen«. Unter der gotischen Decke werden etwa Kalbsgeschnetzeltes mit Eierschwämmli serviert. ■ Metzgergasse 5, Tel. 07 12 23 37 37, www.zumgoldenenschaeflisg.ch, So geschl.

6 Appenzellerland

Tradition und Brauchtum werden im lieblichen Bauernland groß geschrieben

Information

■ Appenzellerland Tourismus, Hauptgasse 4, 9050 Appenzell, Tel. 07 17 88 96 41, www.appenzell.info

Südlich des Bodensees bedecken sattgrüne Wiesen die sanft geschwungenen Hügel des Appenzellerlandes. Die Region ist seit einem Volksentscheid im Jahr 1597 in zwei zusammen 415 km² umfassende Halbkantone geteilt: das reformierte Ausserrhoden und das katholische Innerrhoden, wobei Letzteres als extrem konservativ gilt. Hier wurde erst im Jahr 1990 das allgemeine Wahlrecht für Frauen eingeführt. Wirtschaftlich sind neben dem Tourismus Vieh- und Milchwirtschaft von Bedeutung. Entsprechend groß ist der Andrang, wenn im Herbst die Appenzeller auf Viehschauen ihre Jungtiere präsentieren.

Sehenswert

Appenzell

| Ortsbild |

Innerrhodens malerisch inmitten von Weiden und Wäldchen gelegener Hauptort Appenzell (5800 Einw.) hat sich dem Tourismus verschrieben. Das schmucke Ortsbild mit den bunt bemalten Holzhäusern lockt Ausflügler in Scharen an. Auf sie warten Dorfgasthöfe und Andenkenläden beidseits der Hauptgasse. Im Rathaus und dem angrenzenden Haus Buherre Hanisefs dokumentiert das Museum Appenzell das Brauchtum der Region mit Trachten, jahreszeitlichen Dekorationen wie dem weihnachtlichen »Chlausezüüg« oder traditionellem Handwerk.

■ Hauptgasse 4, http://museum.ai.ch, April–Okt. tgl. 10–12 und 14–17, Nov.–März Di–So 14–17 Uhr, 7 CHF

ADAC *Mittendrin*

In Stein, etwa 8 km südlich von St. Gallen, demonstriert die **Appenzeller Schaukäserei** den zehnstufigen Entstehungsprozess, der notwendig ist, um von der Rohmilch bis zum fertigen Käselaib zu gelangen.
Dorf 711, 9063 Stein, Tel. 07 13 68 50 70, www.schaukaeserei.ch, Käseherstellung tgl. 9–15 Uhr

Säntis

| Berg |

Das wohl beliebteste Ausflugsziel im Appenzellerland ist der 2501 m hohe Säntis. Der höchste Bergstock der Ostschweiz bietet ein imposantes Panorama. Von Appenzell aus fährt man über das westlich gelegene Dorf Urnäsch bis zur Talstation Schwägalp (1283 m), von dort mit der Seilbahn.

■ www.saentisbahn.ch, Feb.–Mitte Mai Mo–Fr 8.30–17, Sa, So 8–17, Mitte Mai–Mitte Okt. Mo–Fr 7.30–18, Sa, So 7.30–18.30, Mitte Okt.–Mitte Jan. tgl. 8.30–17 Uhr, 58 CHF (Berg- und Talfahrt), Kinder (bis 6 J.) frei

Gefällt Ihnen das?

Mühelos auf den Gipfel des Säntis schweben – wer daran Gefallen findet, sollte unbedingt auch den Doppeldecker zum **Stanserhorn** (S. 53) testen.

Erlebnisse

Sonnenaufgangsfahrten auf den Säntis finden im Juli und Aug. jeden So 5/6–10.30 Uhr statt, Vollmondfahrten nur mit Reservierung (Tel. 071 277 99 55).

7 Winterthur

Die Stadt schafft eine gelungene Symbiose zwischen Industrie und Kunst

Information

■ Tourist Information Winterthur, Im Hauptbahnhof, 8400 Winterthur, Tel. 052 208 01 01, https://winterthur-tourismus.ch

Die Winterthurer hören es nicht gern, dass sie quasi in einer Vorstadt von Zürich leben. Zwar ist die Industriestadt verwaltungstechnisch der Zürcher Kantonsregierung unterstellt, doch mit über 112 000 Einwohnern sowie bedeutender Maschinen- und Textilindustrie versteht sich Winterthur durchaus als eigenständig. Den Mittelpunkt der kompakten Altstadt bildet die autofreie Marktgasse mit dem 1782–84 erbauten Rathaus. Der Industrielle und Mäzen Oskar Reinhart (1885–1965) hinterließ seiner Heimatstadt gleich zwei Kunsttempel.

Sehenswert

Kunst Museum Winterthur | Reinhart am Stadtgarten

| Museum |

Das Gebäude der Stiftung Oskar Reinhart wurde 1951 zum ersten privaten Museum der Schweiz. Seine Sammlung erlaubt einen guten Einstieg in die schweizerische, österreichische und deutsche Malerei des 18./19. Jh. Aus der Fülle hochkarätiger Arbeiten ragt Caspar David Friedrichs »Kreidefelsen von Rügen« (1818/19) heraus.

■ Stadthausstr. 6, www.kmw.ch, Di–So 10–17, 19 CHF, Kinder (bis 16 J.) frei

Sammlung Oskar Reinhart am Römerholz

| Museum |

4 *Hochkarätige Kunst, ausgestellt in der Villa des Industriellen Reinhart*

Die ehemalige Villa des Kunstsammlers Oskar Reinhart vereint mehr als 200 Gemälde, Zeichnungen und Skulpturen europäischer Kunst von außergewöhnlicher Qualität. Neben Werken alter Meister wie Rembrandt, El Greco oder Goya gehören auch Arbeiten französischer Impressionisten, etwa von Cézanne, Renoir, Manet und Monet, zum Bestand.

■ Haldenstr. 95, www.roemerholz.ch, Di–So 10–17, Mi 10–20 Uhr, 15 CHF, Kinder (bis 16 J.) frei

Swiss Science Center Technorama

| Wissenschaftszentrum |

Im Technorama darf mit allen Exponaten interagiert werden. An rund 500 Installationen können junge und jung gebliebene Besucher naturwissenschaftliche Phänomene im doppelten Sinne des Wortes »begreifen«.

■ Technoramastr. 1, www.technorama.ch, tgl. 10–17 Uhr, 29 CHF, Kinder (bis 5 J.) frei

Events

Reeds Festival 19 km südlich von Winterthur, am Ufer des Pfäffikersees, findet an drei Tagen Mitte Juli das größte Reggae-Festival der Schweiz statt.

■ Seequai, 8330 Pfäffikon, www.reeds-festival.ch, 1-Tagespass 55 CHF

8 Zürich

Die heimliche Hauptstadt der Schweiz

Pause am Limmat-Ufer mit Kirchenblick: Fraumünster (links) und St. Peter (rechts)

i Information

- Zürich Tourismus, im Hauptbahnhof, 8001 Zürich, Tel. 04 42 15 40 00, www.zuerich.com
- Parken siehe S. 36

Die am nördlichen Ende des Zürichsees gelegene Stadt wirbt mit dem griffigen Slogan der »kleinsten Großstadt der Welt«. Für eine veritable Großstadt scheint Zürich in der Tat zu klein, doch reicht es mit 415 000 Einwohnern zur mit Abstand größten Stadt des Landes. Kleinteiliges Altstadtidyll und weltoffenes Flair, Zürich besitzt beides. Vor allem hat die vom Flüsschen Limmat geteilte Altstadt ihre beschauliche Kulisse bewahrt. Ihr Naherholungsgebiet haben die Zürcher dank des Sees vor der Haustür.

Zürich zählt zu den weltweit bedeutendsten Finanzplätzen. Nicht weniger als 350 Großbanken haben in der umtriebigen Limmat-Stadt ihren Sitz. Weit weniger bekannt ist, dass sich Zürich erst im 19. Jh. auf Handel, Bank- und Versicherungsgeschäfte spezialisierte. Im 20. Jh. zog das liberale Klima der Stadt Menschen aus ganz Europa an: Der deutsche Sozialist August Bebel und Literatur-Nobelpreisträger Thomas Mann waren nur zwei von ihnen. 1916 begründeten Hans Arp, Tristan

Tzara und Hugo Ball im Cabaret Voltaire in der Spiegelgasse den Dadaismus, ab 1933 führten Erika Mann und Therese Giehse ihr in Deutschland verfemtes politisches Kabarett Pfeffermühle in Zürich fort.

Westliche Altstadt

Geschäftiges Treiben, Kultur und Shopping vor historischer Kulisse

Charmant präsentiert sich die Altstadt links der Limmat mit ihren engen Gassen und dem Münsterhof als einstigem Zentrum, der vom Fraumünster und den Fassaden prächtiger Zunfthäusern gesäumt wird.

Plan S. 34/35

Sehenswert

1 Landesmuseum Zürich

| Museum |

Nördlich des Hauptbahnhofs imponiert der burgartige Komplex des Landesmuseums Zürich, einer Dependance des Schweizerischen Nationalmuseums. Rund 80 Säle im restaurierten Bahnhofsflügel sowie im 2016 eröffneten Erweiterungsbau zeigen Exponate zu Geschichte und Kultur.

■ Museumstr. 2, Tel. 05 84 66 65 11, www.landesmuseum.ch, Di–So 10–17, Do 10–19 Uhr, 10 CHF, KInder (bis 16 J.) frei

2 Bahnhofstrasse

| Flaniermeile |

Auf der südlichen Seite des Hauptbahnhofs beginnt die Bahnhofstrasse. Die Schweizer Nobelmeile schlechthin ist 1,4 km lang und führt zum Bürkliplatz am Nordufer des Zürichsees. Bis ins 19. Jh. hinein verlief hier der Fröschengraben, ein Kanal, der die Altstadt umkränzte. Er wurde 1867 zugeschüttet und in einen Boulevard verwandelt, der sich am Vorbild der Pariser Champs-Élysées orientierte. International erfolgreiche Modedesigner, Juweliere und Pelzgeschäfte können die hohen Mieten aufbringen, daher offeriert das »Schaufenster der Schweiz« inmitten neoklassizistischer Architektur vielfach das Teuerste vom Teuren. Eine der schönsten Seitengassen der Bahnhofstrasse ist die teilweise um den Lindenhof-Hügel verlaufende Augustinergasse, in der dekorative Erker die Fassaden der schmalen Bürgerhäuser zieren.

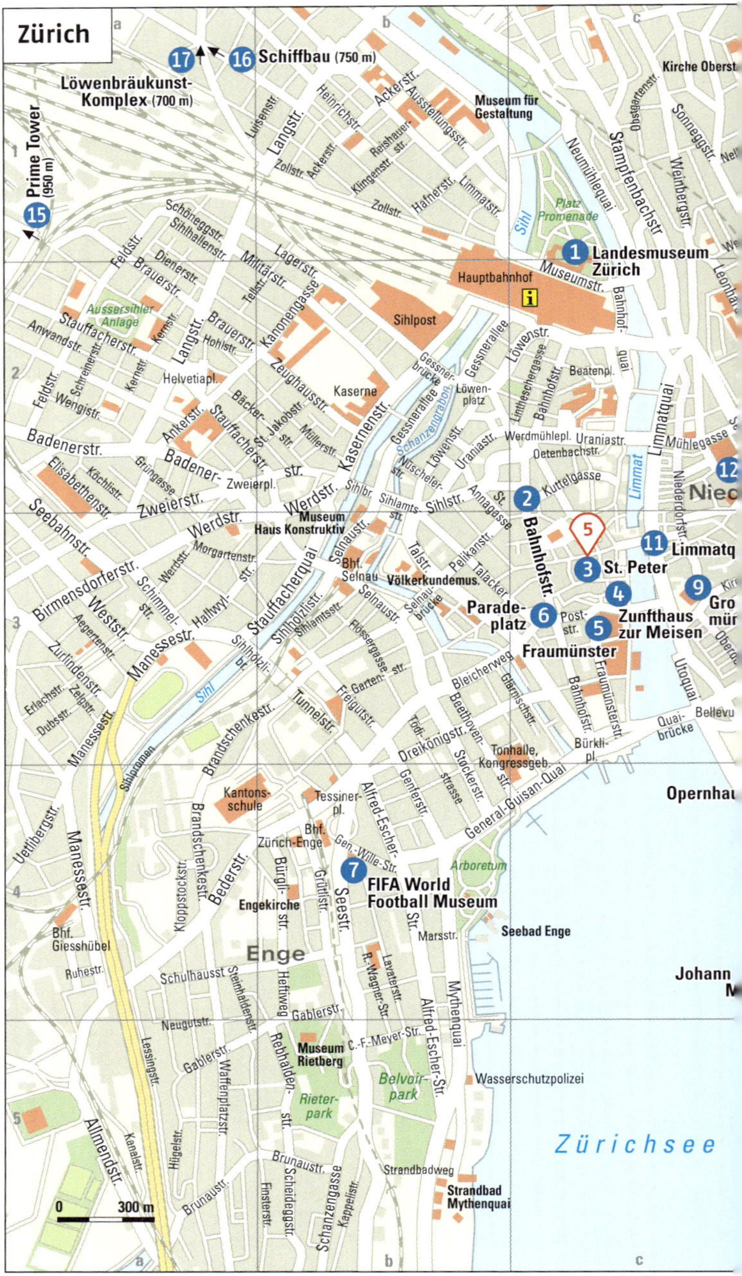
Zürich
17
16 Schiffbau (750 m)
Löwenbräukunst-Komplex (700 m)
15 Prime Tower (950 m)
Museum für Gestaltung
1 Landesmuseum Zürich
Hauptbahnhof
Sihlpost
Platz Promenade
Kaserne
Aussersihler Anlage
Helvetiapl.
Zweierpl.
Museum Haus Konstruktiv
Völkerkundemus.
2
3 St. Peter
4
5 Zunfthaus zur Meisen
6 Parade-platz
Fraumünster
9
11 Limmatq
12
Nied
Opernhau
Tonhalle, Kongressgeb.
Bürkli-pl.
Quai-brücke
Bellevu
Kantons-schule
Bhf. Zürich-Enge
7 FIFA World Football Museum
Arboretum
Seebad Enge
Enge
Engekirche
Museum Rietberg
Rieter-park
Belvoir-park
Wasserschutzpolizei
Zürichsee
Strandbad Mythenquai
Bhf. Giesshübel
Johann
Kirche Oberst
Langstr.
Badenerstr.
Stauffacherstr.
Werdstr.
Seebahnstr.
Birmensdorferstr.
Manessestr.
Sihl
Limmat
Bahnhofstr.
Limmatquai
Utoquai
General-Guisan-Quai
Mythenquai
Seestr.
Alfred-Escher-Str.
Stampfenbachstr.
Neumühlequai
Allmendstr.
Brandschenkestr.
Kasernenstr.
Schanzengraben
0 300 m

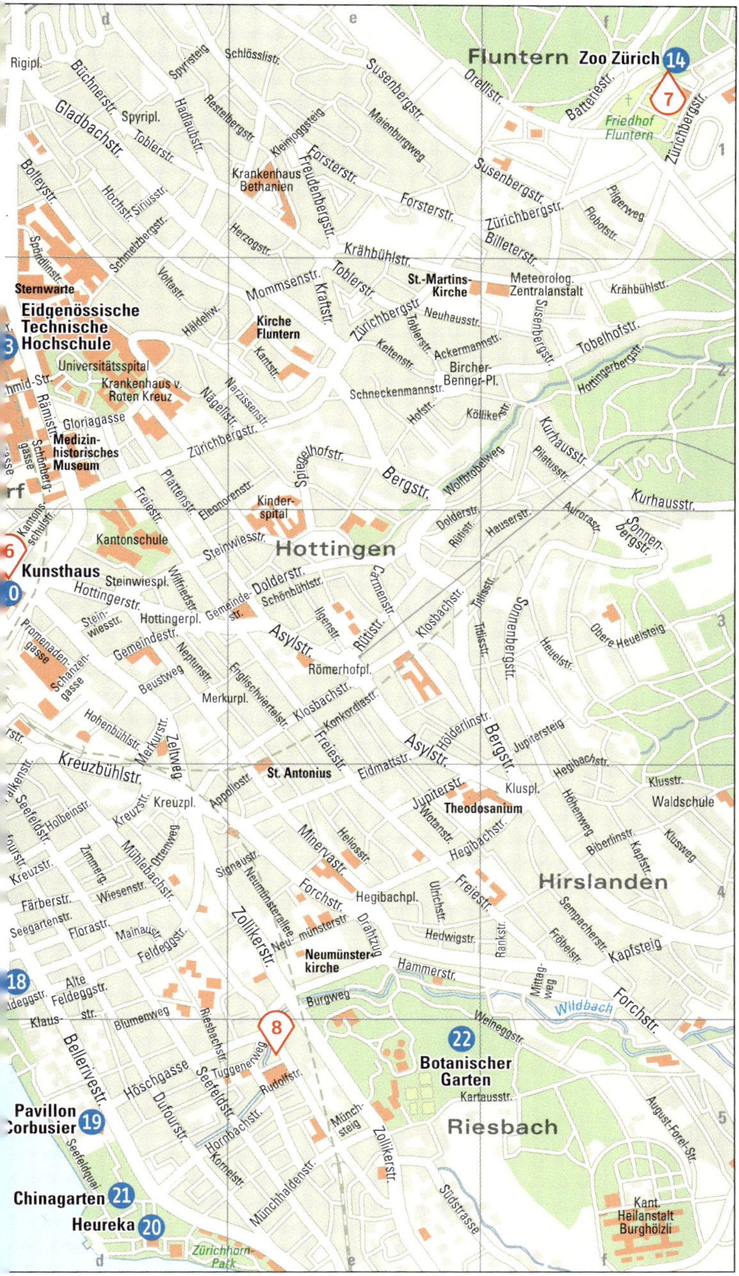
Fluntern
Zoo Zürich
14
7
Friedhof Fluntern
Krankenhaus Bethanien
Sternwarte
Eidgenössische Technische Hochschule
Universitätsspital
Krankenhaus v. Roten Kreuz
Medizin-historisches Museum
Kirche Fluntern
St.-Martins-Kirche
Meteorolog. Zentralanstalt
Bircher-Benner-Pl.
Kinderspital
Kantonschule
Kunsthaus
Hottingen
Römerhofpl.
Merkurpl.
St. Antonius
Theodosanium
Kluspl.
Waldschule
Hirslanden
Hegibachpl.
Neumünsterkirche
Wildbach
8
22
Botanischer Garten
Riesbach
Pavillon Corbusier
19
Chinagarten
21
Heureka
20
Zürichhorn-Park
Kant. Heilanstalt Burghölzli
Kreuzpl.
Hottingerpl.
Steinwiespl.
Spyripl.
Rigipl.

3 St. Peter

| Kirche |

5 *Der Kirchturm ist dank seiner riesigen Uhr weithin bekannt*

Unübersehbar ist die älteste Pfarrkirche Zürichs: An allen vier Seiten ihres spätromanischen Turms prangen die riesigen Zifferblätter der größten Kirchenuhr Europas. Sie haben jeweils einen Durchmesser von 8,64 m. Der Turm aus dem 13. Jh. kann (nach Voranmeldung) bestiegen werden.

■ St.-Peter-Hofstatt, Tel. 04 42 11 50 70, www.st-peter-zh.ch, Mo–Fr 8–18, Sa 10–16, So ca. 11–17 Uhr

4 Zunfthaus zur Meisen

| Museum |

Das barocke Stadtpalais wurde 1752–57 von der Zunft zur Meisen (der Zunft der Weinleute, Weinschenken, Sattler und Maler) errichtet. Heute nimmt es ein Restaurant auf, und seit April 2018 präsentiert es als Dependance des Schweizerischen Nationalmuseums eine Sammlung mit Porzellan und Fayencen des 18. Jh. Allein die Zunfträume mit den prachtvollen Stuckaturen sind bereits einen Besuch wert.

■ Münsterhof 20, www.nationalmuseum.ch, Do–So 11–16 Uhr, 3 CHF, Kinder (bis 16 J.) frei

5 Fraumünster

| Kirche |

Die Ostseite des Münsterhofs nimmt das Fraumünster ein. Ein erstes Gotteshaus an dieser Stelle übergab Kaiser Ludwig der Deutsche im Jahr 853 seinen Töchtern Hildegard und Bertha, die dem zugehörigen Kloster als Äbtissinnen vorstanden. Vom 13. bis 15. Jh. wurde die Kirche im Stil der Gotik zu einer dreischiffigen Pfeilerbasilika umgebaut. Der spätromanische Chor aber wartet mit Kunstwerken der klassischen Moderne auf: Die fünf Fenster schmückte Marc Chagall (1887–1985) 1970 mit farbgewaltigen Glasmalereien zu biblischen Themen. Auch die Fensterrose im südlichen Querschiff mit der Schöpfungsgeschichte geht auf Entwürfe des Malers zurück.

■ Kämbelgasse 2, www.fraumuenster.ch, April–Okt. tgl. 10–18, Nov.–März tgl. 10–16 Uhr

6 Paradeplatz

| Platz |

Im Westen des Fraumünsters weitet sich die Bahnhofstrasse zum Paradeplatz, an dem sich der Finanzplatz Zürich in seiner ganzen Größe zeigt. Die 1877 im Stil des Neobarock erbaute Schweizerische Kreditanstalt thront hier wie ein Stadtschloss. Noch etwas älter ist das nicht minder pompöse Grand Hotel Savoy Baur en Ville, das 1838 errichtet wurde.

7 FIFA World Football Museum

| Museum |

König Fußball steht im Mittelpunkt dieses Museums, das, als interaktive Erlebniswelt gestaltet, große und kleine Fußballfans begeistert und auf seiner rund 3000 m^2 großen Ausstellungsfläche sämtliche Facetten des beliebten Sports aufzeigt.

■ Seestr. 27, http://de.fifamuseum.com, Di–So 10–18 Uhr, 24 CHF, Kinder 14 CHF

P Parken

City Parking Sehr zentral zwischen Hauptbahnhof und Altem Botanischen Garten gelegenes Parkhaus. Es gibt auch vier Ladestationen für E-Autos. ■ Gessnerallee 14, 2 CHF/1/2 Std., 40 CHF/Tag, Plan S. 34/35, b2

Verkehrsmittel

In Zürich bewegt man sich zu Fuß, mit dem Bus oder der Tram (www.zvv.ch). Die Tageskarten kosten ab 13 CHF, Kinder (bis 6 J.) fahren kostenlos.

Restaurants

€€ | **Haus Hiltl** Im wohl ältesten vegetarischen Restaurant der Welt werden ausgefallene fleischlose Kreationen und Klassiker serviert. ■ Sihlstr. 28, Tel. 04 42 27 70 00, www.hiltl.ch, Mo–Sa 6–23, So 9.30–23 Uhr, Plan S. 34/35, b2

Einkaufen

Heimatwerk Schweizer Kunsthandwerk, mehrheitlich aus einheimischen Ateliers und Manufakturen. ■ Bahnhofstr. 2 und Uraniastr. 1, www.heimatwerk.ch, Plan S. 34/35, b3

Sprüngli Traditionsreiche Confiserie mit hauseigenen unwiderstehlichen Schokoladekreationen. ■ Bahnhofstr. 21, www.spruengli.ch, Plan S. 34/35, c3

Kneipen, Bars und Clubs

Kaufleuten Legendäre Location: DJs, Partys, Comedy, Restaurant, Livekonzerte und literarische Lesungen. ■ Pelikanplatz 18, Tel. 04 42 25 33 33, www.kaufleuten.ch, Mo–Do 8.30–24, Fr, Sa 8.30–5, So 16–24 Uhr, Plan S. 34/35, b3

Am rechten Limmatufer

Malerisch mit vielen schmalen Gassen und vor allem autofrei

Zürichs Altstadt erstreckt sich auch rechts der Limmat mit Limmatquai und Niederdorf, das die Einheimischen auch liebevoll Dörfli nennen.

ADAC *Mittendrin*

Der Alfred-Escher-Brunnen am Hauptbahnhof oder der Lindenhofbrunnen sind nur die auffälligsten Exemplare: Tatsächlich ist für frisches und erstklassiges Trinkwasser überall in Zürich gesorgt – dank insgesamt mehr als **1200 Brunnen**, die alle paar Meter zu finden sind. Damit gehört Zürich zu den brunnenreichsten Städten der Welt. Also immer eine Flasche zum Befüllen mitnehmen!

Sehenswert

8 Opernhaus

| Oper |

Der imposante Bau mit seinem zweigeschossigen säulengeschmückten Portikus und den triumphalen Skulpturengruppen auf den Giebeln wurde 1891 mit einer Aufführung von Richard Wagners »Lohengrin« eröffnet. Wilhelm Furtwängler begann hier 1907 seine Karriere als Dirigent.

■ Falkenstr. 1, www.opernhaus.ch (unter »Besucher Service« Termine f. Führungen)

9 Grossmünster

| Kirche |

Die romanischen Doppeltürme der evangelisch-reformierten Kirche sind ein Wahrzeichen Zürichs. An der Stelle dieses im 11.–13. Jh. errichteten Sakralbaus soll sich ein von Karl dem Großen gegründetes Chorherrenstift befunden haben. Der Kaiser, mutmaßlicher Gründer des Grossmünsters, wurde in luftiger Höhe am Südturm als überlebensgroße Sitzfigur (Kopie) verewigt. Das um 1470 entstandene Original ist in der Krypta ausgestellt.

Auch die asiatischen Dickhäuter finden in Zürich ein adäquates Wohnquartier

■ Grossmünsterplatz, www.grossmuenster.ch, März–Okt. tgl. 10–18, sonst bis 17 Uhr, So erst nach der Messe, Turmbesteigung März–Okt. Mo–Sa 10–17, So 12.30–17.30, sonst Mo–Sa 10–16.30, So 12.30–16.30 Uhr, 5 CHF

10 Kunsthaus Zürich

| Museum |

6 *Meisterwerke der europäischen und Schweizer Kunst*

Mit rund 4000 Gemälden und Skulpturen sowie 95000 grafischen Werken quer durch die Jahrhunderte verfügt das Kunsthaus Zürich über eine der bedeutendsten Kunstsammlungen der Schweiz. Bis zur (für 2020 vorgesehenen) Eröffnung des vom Londoner Architekten David Chipperfield entworfenen Erweiterungsbaus können nur etwa zehn Prozent des Bestandes dauerhaft ausgestellt werden.

■ Heimplatz 1, Tel. 04 42 53 84 84, www.kunsthaus.ch, Di, Fr–So 10–18, Mi, Do 10–20 Uhr, 26 CHF, Kinder (bis 16 J.) frei

11 Limmatquai

| Flaniermeile |

Ab der Münsterbrücke begleitet die (autofreie) Shopping- und Flaniermeile Limmatquai den Fluss am rechten Ufer. Neben verlockenden Schaufenstern bieten auf der überwiegend einseitig bebauten Straße Arkadengänge und Zunfthäuser etwas fürs Auge.

12 Niederdorf

| Stadtviertel |

Flussaufwärts verläuft parallel zum Limmatquai die autofreie Niederdorfstrasse. Die quirlige Meile säumen Geschäfte, Bars und Restaurants, weitere scharen sich um den Hirschenplatz am südlichen Ende. Östlich des vom 97 m hohen Turm der Predigerkirche markierten Zentrums des »Dörfli«, wie die Zürcher ihr Niederdorf nennen, liegt das Universitätsviertel mit der 1838 gegründeten Universität, deren 1911–14 errichteter Neubau an der Zentralkuppel leicht zu erkennen ist.

13 Eidgenössische Technische Hochschule (ETH)

| Universität |

Die ETH wurde 1855 als Eidgenössisches Polytechnikum gegründet und genießt heute international höchstes Ansehen. Der markante zweigeschossige Flügelbau der Universität wurde nach Plänen des deutschen Architekten Gottfried Semper 1864 fertiggestellt und gilt seither als wichtigstes Beispiel des Historismus in der Schweiz. Im Hause ansässig ist auch die Graphische Sammlung der ETH. Diese zeigt neben moderner Druckgrafik auch Blätter von Albrecht Dürer, de Goya und Rembrandt.

■ Rämistr. 101, http://ethz.ch/de.html, Graphische Sammlung: Mo–So 10–16.45 Uhr, Zugang nur während Ausstellungen

14 Zoo Zürich

| Zoo |

7 *Tierische Highlights erwarten die Zoobesucher im Zürcher Tierpark*

Außergewöhnliche Begegnungen mit der Tierwelt ermöglicht der Zoo Zürich. Koalas, Wallabys und Warane teilen sich beispielsweise das Australienhaus. Mit der Masoala-Regenwaldhalle des Tierparks hat man auf 11 000 m² ein Stück Tropen aus Madagaskar an den Fuß der Alpen versetzt. Zwischen Palmen und Ylang-Ylang-Bäumen können Besucher nach Mausmakis und Flughunden Ausschau halten.

■ Zürichbergstr. 221, www.zoo.ch, März–Okt. tgl. 9–18, Nov.–Feb. tgl. 9–17 Uhr, 26 CHF, Kinder (bis 6 J.) frei, Anfahrt: Tram 6 bis Endhaltestelle Zoo

ADAC *Spartipp*

Ein Besuch in Stadtzürcher **Badeanstalten,** »Badis«, kann rasch zu einer teuren Überraschung werden, muss es aber nicht. Denn nicht alle Badis verlangen Eintritt; gratis ins Wasser springen kann man hier: *Oberer Letten, Lettensteg 10; Unterer Letten, Wasserwerkstrasse 141; Schanzengraben (reines Männerbad), Badweg 10; Au-Höngg (Freibad Werdinsel), Werdinsel 2*

Einkaufen

Schwarzenbach Kolonialwaren Liebevoll gestalteter Laden von anno dazumal mit Tee, Kaffee, Trockenfrüchten, Lübecker Marzipan u.v.m. ■ Münstergasse 19, Tel. 04 42 61 13 15, www.schwarzenbach.ch, Plan S. 34/35, c3

Kneipen, Bars und Clubs

Mascotte Zentral gelegener Club. Es gibt Partys, Karaoke und Livekonzerte. ■ Theaterstr. 10, Tel. 04 42 60 15 80, www.mascotte.ch, Plan S. 34/35, d3

Events

Dörflifäscht Ende August verwandelt sich das Niederdorf in eine Partymeile mit vielen DJs, Marktständen, kulinarischen Köstlichkeiten, Shows und Attraktionen. ■ https://doerflifaescht.ch/

Bühne

Opernhaus Neun Opern- und drei Ballettpremieren pro Spielzeit sichern dem Züricher Opernhaus einen Stammplatz in der »Chamapions League« der europäischen Opernbühnen. ■ Falkenstr. 1, Tel. 04 42 68 66 66, www.opernhaus.ch, siehe S. 37

Neueste Zürcher Adresse für Theaterbegeisterte: das Industriegebäude Schiffbau

Boomtown Zürich-West

Einst Industriequartier, heute im Aufbruch und schwer im Trend

Rund um den Limmatplatz erstreckt sich das frühere Industriequartier Kreis 5. In den alten Fabrikgebäuden des neuen Trendviertels sind heute Galerien, Designerläden und Werbeagenturen ansässig.

Sehenswert

15 Prime Tower

| Architektur |

Der markante, 126 m hohe Büroturm Prime Tower entstand nach Plänen der Züricher Architekten Annette Gigon und Mike Guyer. Er ist das höchste Gebäude Zürichs und ein neues Wahrzeichen der Stadt.

■ Hardstr. 201, www.primetower.ch

16 Schiffbau

Im Schiffbau auf dem Escher-Wyss-Areal am Ufer der Limmat, wo früher Dampfmaschinen und Turbinen gebaut wurden, hat sich das renommierte deutschsprachige Züricher Schauspielhaus drei Spielstätten als Dependance eingerichtet.

■ Schiffbaustr. 4, www.schauspielhaus.ch, Theaterkasse: Pfauen-Foyer, Rämistr. 34, Mo–Sa 11–19 Uhr

17 Löwenbräukunst-Komplex

| Architektur |

Ein spannendes Forum der Gegenwartskunst ist in der ehemaligen Löwenbrauerei und dem modernen Annex des Neubau West entstanden. Neben spezialisierten Galerien beherbergt das Areal die Kunsthalle Zürich, die mit hochkarätigen Wechselausstellungen zeitgenössischer Künstler

aktuelle Tendenzen widerspiegelt. Exponate der Genres Installation, Performance und Multimedia zeigt das Migros Museum für Gegenwartskunst.
■ Limmatstr. 270, www.loewenbraeu kunst.ch, Kunsthalle Zürich: www.kunsthallezurich.ch, Di, Mi, Fr 11–18, Do bis 20, Sa 10–24, So 10–17 Uhr, 12 CHF, Kinder (bis 16 J.) frei, Migros Museum: www.migrosmuseum.ch, Di, Mi, Fr 11–18, Do bis 20, Sa, So 10–17 Uhr, 12 CHF, Kinder (bis 16 J.) frei

Restaurants

€ | **Frau Gerolds Garten** Am Fuße des Prime Towers. Im Sommer Gartenwirtschaft, Sonnenterrasse und Open-Air-Bar, im Winter gemütlicher Holz-Pavillon. ■ Geroldstr. 23/23a, Tel. 07 89 71 67 64, www.fraugerold.ch, tgl. geöffnet, Plan S. 34/35, nordwestl. a1

€€€ | **Clouds** Restaurant, Bar und Bistro in der 35. Etage des Prime Towers. Spektakuläre Sicht. ■ Maagplatz 5, Tel. 04 44 04 30 00, www.clouds.ch, tgl. ab 16 Uhr (Reservierung empfehlenswert), Plan S. 34/35, nordwestl. a1

Kneipen, Bars und Clubs

Xtra-Limmathaus Das denkmalgeschützte Haus wurde 1931 im Bauhaus-Stil errichtet. Seinen aktuellen, zeitgemäßen Look erhielt das Gebäude vom Züricher Architekten Urs Baumann. Es dient seither als Restaurant, Hotel und vor allem als angesagte Party-Location. ■ Limmatstr. 118, www.x-tra.ch, Plan S. 34/35, b1

Moods Renommierter Jazzclub und Cocktailbar, untergebracht in einer ehemaligen Fabrik. ■ Schiffbauplatz 6, Tel. 04 42 76 80 00, http://www.moods.club/de, Plan S. 34/35, nordwestl. a1

Die Goldküste am Zürichsee

Hier trifft man auf Promis, aber auch auf Museen und einladende Gärten

Das rechte Ufer des Zürichsees wird wegen seiner hohen Villendichte auch Goldküste genannt. Viel Prominenz hat sich hier niedergelassen. An Sonntagen flaniert die halbe Stadt unweit des Ufers durch das Seefeldquartier.

Sehenswert

18 Johann-Jacobs-Museum

| Museum |

Geschichte und Gegenwart globaler Handelswege und Verflechtungen sind die zentralen Themen wechselnder Ausstellungen. Sie sind Produkten wie Kaffee, Kakao, Erdöl, Diamanten, Opium, Seide und Zucker gewidmet.
■ Seefeldquai 17, www.johannjacobs.com, Di 18–23, Sa, So 11–17 Uhr, 7 CHF, Kinder/Jugendl. (bis 26 J.) frei

19 Pavillon Le Corbusier

| Museum |

Nach fast zweijähriger Sanierung empfängt das Gebäude wieder Besucher. Der ursprünglich vom weltberühmten Schweizer Architekten Le Corbusier (1887–1965) als farbenfrohes Wohnhaus konzipierte Pavillon ist sein letztes Bauwerk – und das einzige in Zürich. Der Clou der Konstruktion aus Stahl, Emaille und Glas: Über den Räumen erhebt sich ein scheinbar losgelöstes luftiges Plattendach. Auf den 600 m² des Pavillons finden sich Möbel von Le Corbusier verteilt.
■ Höschgasse 8, http://pavillon-le-corbusier.ch/de und www.lecorbusier-heidiweber.ch, Mai–Nov. Di–So 12–18, Do 12–20 Uhr, 12 CHF, Kinder (bis 16 J.) frei

Im Blickpunkt

Auf Messers Schneide

1886 beschloss die Schweizer Armee, ihre Soldaten mit einem Taschenmesser auszurüsten, das neben einer Klinge auch über einen Schraubenzieher zum Auseinandernehmen des Gewehres verfügen sollte. Zunächst wurde der Bedarf mit deutschen Klingen aus Solingen gedeckt, doch schon wenige Jahre später konnte man auf Messer »Made in Switzerland« zurückgreifen. Die internationale Karriere des »Schweizer Messers« begann nach dem Ende des Zweiten Weltkrieges, als amerikanische GIs ihre Vorliebe für das Swiss Army Knife entdeckten. Nur die Firma Victorinox in Ibach im Kanton Schwyz und die inzwischen zu Victorinox gehörende Firma Wenger in Delémont im Jura dürfen heute das Schweizer Kreuz auf der roten Messerschale verwenden. Insgesamt sind rund 360 Modelle im Angebot, angefangen vom einfachen Prototyp bis zum »Giant Knife«, das über 141 Funktionen verfügt. Der Schweizer Milizsoldat hat hingegen nur das klassische Modell in der Tasche, mit Klinge, Ahle, Dosenöffner und Schraubenzieher.

20 Heureka

| Skulptur |

Unweit des Anlegers der Zürichsee Schifffahrtsgesellschaft zieht Jean Tinguelys (1925–1991) erste öffentliche Arbeit, die Leerlaufmaschine Heureka, seit vielen Jahren die Blicke auf sich. Das eiserne Ungetüm, bei dem sich Zahnräder drehen und Gewinde ächzen, wird in der warmen Jahreshälfte täglich dreimal für acht Minuten in Bewegung gesetzt.

■ April–Mitte Okt. tgl. 11, 15 und 19 Uhr

21 Chinagarten

| Park |

Auf der breiten Landzunge hinter dem Zürichhorn befindet sich dieses gärtnerische Juwel – ein Geschenk von Zürichs südchinesischer Partnerstadt Kunming mit Pagoden, Zierbrücken, Wasserspielen und fernöstlichem Flair.

■ Bellerivestr. 138, Ende März–Ende Okt. tgl. 11–19 Uhr

22 Botanischer Garten Universität Zürich

| Park |

Jährlich suchen rund 130 000 Besucher in dieser grünen Oase Ruhe und Erholung. Der »jüngere« Botanische Garten nimmt mitten in der Großstadt gut 53 000 m² ein und knapp 7000 verschiedene Pflanzenarten auf.

■ Zollikerstr. 107, www.bg.uzh.ch, März–Sept. Mo–Fr 7–19, Sa, So 8–18, Okt.–Feb. Mo–Fr 8–18, Sa, So 8–17 Uhr, Eintritt frei

Erlebniss

8 €€ | **Blindekuh** Das Dunkelrestaurant, untergebracht in einer ehemaligen Methodistenkapelle, bietet eine besondere Sinnenerfahrung. Im Service arbeiten ausschließlich

blinde und sehbehinderte Menschen, die alle Gäste sicher durchs Dunkel geleiten. ■ Mühlebachstr. 148, Tel. 0444 21 50 50, blindekuh.ch, Sa–Mi 18.30–23, Do, Fr 11.30–14 und 18–23 Uhr, Reservierung erforderlich, S. 34/35, e5

In der Umgebung

Uetliberg

| Aussichtspunkt |

Wanderwege, ein 70 m hoher Aussichtsturm, Biketrails, Feuerstellen, Hotel und Restaurants machen den 871 m aufragenden Uetliberg für Jung und Alt zu einem attraktiven Ziel. Von hier oben bietet sich dem Betrachter eine grandiose Aussicht auf die Stadt Zürich, den Zürichsee und die Alpenkette. Der autofreie Hausberg Zürichs ist ein bequem erreichbares Ausflugsziel. ■ Anfahrt: S 10 ab Zürich Hauptbahnhof bis Endstation Uto Kulm/Uetliberg

9 Rapperswil-Jona

Mittelalterliches denkmalgeschütztes Kleinod an der Zürichsee-Riviera

Information

■ Rapperswil Zürichsee Tourismus, Fischmarktplatz 1, 8640 Rapperswil, Tel. 055/225 77 00, www.rapperswil-zuerichsee.ch

Die mittelalterliche Kleinstadt Rapperswil-Jona (27 000 Einw.) liegt am Oberen Zürichsee. Die Gässchen der denkmalgeschützten und verkehrsarmen Altstadt laden zum Flanieren und Verweilen ein. Vom Schlossberg über der Stadt bietet sich ein Panoramablick von den Glarner Alpen bis ins Zürcher Oberland. Im Schloss aus dem 13. Jh. erinnert das Polenmuseum seit knapp 150 Jahren u.a. an die Zeit, als Polen völlig von den Landkarten verschwunden war. Rapperswil ist seit Jahrhunderten eine Station der Jakobspilger auf dem Weg nach Santiago de Compostela. Das Städtchen verbindet eine 841 m lange moderne Holzbrücke mit der Gemeinde Hurden auf der gegenüberliegenden Seeseite. Rapperswil ist die größte Schweizer Stadt ohne Parlament, eine Bürgerversammlung führt traditionell die politischen Geschäfte der Gemeinde.

Kinder

Knies Kinderzoo Hier lassen sich viele Tiere streicheln, und es darf auf Elefanten geritten werden. Eine Pferde-Straßenbahn und das Kinderzoo-Piratenschiff runden diese Erlebniswelt ab. ■ Oberseestr. 36, www.knieskinderzoo.ch, Anf. April–Ende Okt. tgl. 9–18 Uhr, 19 CHF, Kinder (ab 4 J.) 6 CHF

Events

Blues 'n' Jazz Das Jazzfestival findet alljährlich im Juni in der Altstadt und entlang der Seepromenade von Rapperswil statt. ■ www.bluesnjazz.ch

ADAC *Mobil*

Vor dem Städtchen Rapperswil legen die aus Zürich kommenden **Ausflugsboote** bei den größeren Rundfahrten im Sommer (Anf. April–Ende Okt.) mehrmals täglich an (einzige Fahrt im Winter um 13.30 Uhr, ab Bürkliplatz). *Zürichsee Schifffahrtsgesellschaft, www.zsg.ch/de*

Übernachten

Das Angebot an Übernachtungsmöglichkeiten in den großen Schweizer Städten – Basel und Zürich allen voran – ist ausgesprochen breit gefächert. In beiden Metropolen gibt es nachfrageabhängige Preisschwankungen, etwa während großer Publikumsmessen oder der sommerlichen Hochsaison. Zwar dünner, aber ohne qualitative Abstriche ist das Hotelangebot in den kleineren Gemeinden.

Basel 18

€ | **Ibis Budget Basel City** Kaum 800 m vom SBB-Bahnhof entfernt, mit familiengerechten Dreibettzimmern, Bad/WC, Klimaanlage, WLAN (gratis) und TV, Restaurant und (kostenpflichtigen) Pkw-Stellplätzen. ■ Grosspeterstr. 12, 4052 Basel, Tel. 06 13 17 40 00, www.ibis-budget-basel-city.basel-hotels.net/de

€€ | **Der Teufelhof** Das »Gast- und Kulturhaus« vereint unter seinem Dach zwei Hotels, deren 28 Zimmer und 5 Suiten individuell gestaltet sind, das Feinschmeckerrestaurant Bel Étage, das hippe Lokal Atelier und ein gleichnamiges Theater für Kabarett und satirische Programme. ■ Leonhardsgraben 47–49, 4051 Basel, Tel. 06 12 61 10 10, www.teufelhof.com

€€ | **Hotel Brasserie au Violon** Das ehemalige Untersuchungsgefängnis ist heute ein angenehmes Hotel mit Restaurant und 20 modernen Zimmern. Benachbart ist der Jazzclub The Bird's Eye. ■ Im Lohnhof 4, 4051 Basel, Tel. 06 12 69 87 11, www.au-violon.com

€€€ | **Les Trois Rois** Das renovierte Grand Hotel direkt am Rhein bietet modernsten Luxus und verfügt über mehrere Restaurants, Bar, Sauna, Fitnessraum. 101 Zimmer und Suiten. ■ Blumenrain 8, 4001 Basel, Tel. 06 12 60 50 50, www.lestroisrois.com.

St. Gallen 28

€ | **Vadian Garni** Zentral und dennoch ruhig gelegen; nur wenige Schritte bis zum Stiftsbezirk, 800 m bis zum Bahnhof und 300 m bis zum Textilmuseum. Doppelzimmer von 14–22 m², Appartements zu 67 m². Kostenfreies WLAN. ■ Gallusstr. 36, 9000 St. Gallen, Tel. 07 12 28 18 78, www.hotel-vadian.com

Appenzellerland 30

€ | **Alpenblick** Ein Schmuckstück der Schweizer Traditionshotellerie in traumhafter Lage. Mit Sonnenterrasse. Gaststube und Speisesaal mit entspannter Appenzeller Atmosphäre. WLAN und Parkplätze gratis. ■ Küchenrain 5, Schwende bei Appenzell, 9057 Weissbad, Tel. 07 17 99 11 73, www.alpenblick-appenzell.ch

Winterthur 31

€ | **Loge** Palastähnliches Hotel am Rande der Winterthurer Fußgängerzone; 17 Zimmer, Gäste erhalten kostenlosen Zutritt zum hoteleigenen Kino, in dem Arthouse-Filme in Originalsprache gezeigt werden. Nur 6 Gehminuten zum Kunstmuseum. ■ Oberer Graben 6, 8400 Winterthur, Tel. 05 22 68 12 00, www.hotelloge.ch

Zürich 32

€€ | **Kindli** Komfort und schlichte Eleganz, wo vor 500 Jahren Pilger einkehrten. Nahe dem Züricher Lindenhof bietet dieses Altstadt-Hotel 20 individuell gestaltete Zimmer und 6 Appartements. ■ Pfalzgasse 1, 8001 Zürich, Tel. 04 38 88 76 76, www.kindli.ch

€€ | **Leoneck Swiss Hotel** Zentral gelegen, bei der Liebfrauenkirche. Zimmer mit Schallschutzfenstern und WLAN, Restaurant Gaststube Haldenegg. ■ Leonhardstr. 1, 8001 Zürich, Tel. 04 42 54 22 22, www.leoneck.ch

€€ | **Marktgasse** Boutique-Hotel in einem sorgfältig modernisierten Gebäude aus dem 15. Jh. mit 39 individuell eingerichteten Zimmern. Bar, Restaurant und 24h-Rezeption. ■ Marktgasse 17, 8001 Zürich, Tel. 04 42 66 10 10, www.marktgassehotel.chc

€€€ | **Schweizerhof** Zentraler geht's nicht. Das elegante Hotel liegt vis-a-vis des Züricher Hauptbahnhofs, am Eingang zur berühmtesten Flanier- und Einkaufsmeile der Limmat-Stadt, der Bahnhofstrasse. 115 Doppelzimmer und Suiten, alle mit WLAN, zwei Restaurants und eine Bar. ■ Bahnhofplatz 7, 8001 Zürich, Tel. 04 4218 88 88, www.hotelschweizerhof.com

Rapperswil-Jona 43

€€ | **K Sorell Hotel Speer** Im Zentrum gelegen, vis-à-vis des Bahnhofs und der Seepromenade. 56 Zimmer, Restaurant mit asiatischer Küche. Beim Portier können Mountainbikes geliehen werden. ■ Untere Bahnhofstr. 5, 8640 Rapperswil-Jona, Tel. 05 52 20 89 00, www.sorellhotels.com

ADAC *Das besondere Hotel*

Eine gelungene Symbiose aus Tradition und Innovation bietet das **Sorell Hotel Zürichberg**: Der restaurierte Altbau ist im Jugendstil gehalten, während sich der Neubau kreisrund präsentiert. Die Entfernung zum Zoo Zürich beträgt 10 bis 15 Gehminuten, der Weg hinunter zur Stadt nimmt 10 Min. in Anspruch. Von den meisten Gästezimmern, der Bar, den Terrassen und dem Gartenrestaurant Kiebitz lässt sich die herrliche Aussicht auf Stadt, Zürichsee und Berge genießen. Direkt am Waldrand. Das Auto stellt man ins eigene Parkhaus.
€€ | Orellistr. 21, Zürich, Tel. 04 42 68 35 35, www.zuerichberg.ch.

Zentralschweiz, Jura und Berner Oberland

Im Herzen der Schweiz vereinen sich majestätische Gipfel und tiefblaue (Berg-)Seen zu einer bukolischen Landschaft

Wirtschaftliches und kulturelles Zentrum der Region ist Luzern am Nordwestufer des viel verzweigten Vierwaldstättersees. Wer eher Natur als Boutiquen und Theater sucht, kann von hier aus schöne Ausflüge ins Voralpenland unternehmen oder den Anblick der eindrucksvollen Alpen von einem der beiden nahe gelegenen Aussichtsberge genießen, von der Rigi oder von dem mit der steilsten Zahnradbahn der Welt erschlossenen Pilatus. Mit üppiger barocker Ausstattung wartet das Wallfahrtskloster Maria Einsiedeln beim Sihl-See auf. Von der Aare umflossen, besitzt Bern eine facettenreiche Museumslandschaft und eine sehenswerte Altstadt, und von Interlaken aus besteht sowohl Zugang zum Touristenmagnet Jungfraujoch als auch zu den malerischen Seen vor Thun und Brienz. Kurz: Gebirge und mächtige Gipfel, Flüsse und Seen, historische Städte und beeindruckende Kathedralen verleihen dem eidgenössischen Kernland vielfältigen, den Besuch lohnenden Reiz.

In diesem Kapitel:

ADAC Top Tipps:

3 Berner Altstadt
| Stadtbild |
Der historische Ortskern der Schweizer Hauptstadt erstreckt sich auf dem von der Aare eingefassten Landsporn und steht als Weltkulturerbe unter dem Schutz der UNESCO. 56

4 Jungfraujoch
| Gipfelstation |
»Top of Europe«: Auf dem Verbindungsgrat zwischen Mönch und Jungfrau befindet sich der höchstgelegene Bahnhof Europas auf 3454 m – ein absoluter Höhepunkt ohne jeden Zweifel. 66

ADAC Empfehlungen:

9 Stiftskirche, Maria Einsiedeln

| **Kirche** |

Das barocke Meisterwerk im geistigen Zentrum der Schweiz birgt eine Schwarze Madonna. 49

10 Kapellbrücke, Luzern

| **Fußgängerbrücke** |

Der einzigartige Reuss-Überweg ist das Wahrzeichen der Stadt. Die überdachte Holzbrücke entstand bereits 1333. 51

11 Verkehrshaus der Schweiz, Luzern

| **Museum** |

Vom Postschlitten bis zur Raumsonde: Das Museum ist ein Muss, wenn Groß und Klein die Begeisterung für Technik teilen. 52

12 Pilatus, Luzern

| **Berg** |

Bereits die Fahrt zu Luzerns Hausberg ist ein Erlebnis. Sie nutzt Linienschiff und Zahnradbahn 54

13 Kathedrale St. Urs und Viktor, Solothurn

| **Münster** |

Weiß und monumental: Schon die zur Kathedrale in Solothurn führende Freitreppe bestehend aus dreimal elf Stufen ist ganz großes Kino. 54

14 Zentrum Paul Klee, Bern

| **Museum** |

Mit der weltweit größten Sammlung ehrt die Stadt den hier geborenen Künstler Paul Klee. Ein absolutes Highlight für Kunstfreunde. 60

15 Essort, Bern

| **Restaurant** |

Hier wird die Kunst des Einfachen zelebriert: Es gibt es lediglich zwei Menüs, diese entsprechen jedoch höchstem Niveau. 61

16 Brienz Rothorn Bahn, Brienz

| **Nostalgiebahn** |

Die Zahnradbahn wird von Dampfloks gezogen, die ihre Passagiere qualmend und quietschend durch Wiesen und Wälder bringen. 67

10 Zug

Kantonshauptort und kleines Steuerparadies am Zuger See

i Information

■ Zug Tourismus, Bahnhofplatz, 6300Zug, Tel. 041 723 68 00, www.zug-tourismus.ch

Der Hauptort (25700 Einw.) des Kantons Zug ist klein, aber fein. Er liegt am Nordostende des gleichnamigen Sees, wurde 1242 vom Adelsgeschlecht der Kyburger gegründet und wartet heute mit zwei Superlativen auf: Von hier aus wird der mit 239 km^2 flächenmäßig kleinste Kanton verwaltet, dafür ist statistisch gesehen das Pro-Kopf-Einkommen der Bevölkerung das höchste der Schweiz. Eine liberale Steuerpolitik machte Zug zum Sitz von mehr als 1000 internationalen Gesellschaften. Zugs mittelalterliches Zentrum wird im Osten durch eine teils noch erhaltene Stadtmauer und vier Wachtürme begrenzt. Die autofreien Gassen rings um den zentralen Kolinplatz überragt der Zytturm (12./13. Jh.), das markante Wahrzeichen der Stadt.

Sehenswert

Rathaus

| Gebäude |

Das 1606 bis 1509 erbaute Haus, eines der wichtigsten profanen Bauwerke der Gotik in der Schweiz, besitzt eine Fassade mit Treppengiebeln, vier Etagen und im Untergeschoss eine offene Markthalle. Der original erhaltene gotische Saal im Innern ist eine Rarität.

■ Fischmarkt, nur im Rahmen einer Stadtführung zugänglich

Museum Burg Zug

| Museum |

Ein wuchtiger Viereckturm aus dem 12. Jh. beherbergt eine Sammlung an Waffen, Kirchenkunst, lokalem Kunsthandwerk und barockem Mobiliar.

■ Kirchenstr. 11, www.burgzug.ch, Di–Sa 14–17, So 10–17 Uhr, 10 CHF, Kinder frei

Verkehrsmittel

Zugersee Schifffahrt Am Bahnhofsteg (in 400 m Distanz zum Bahnhof) liegt der Schiffsanleger der Stadt. Ausflugsboote pendeln zwischen Zug und Arth am See. ■ www.zugersee-schifffahrt.ch, April–Okt., Tageskarte 43 CHF, Kinder (6–16 J.) 21,50 CHF, Sa Kinder frei

P Parken

Citypark Das Parkhaus in der Rigistr. 3 ist von 5.30–22 Uhr geöffnet (2 CHF/1.Std., 1,50 CHF/jede weitere halbe Std.)

11 Einsiedeln

Wichtigster Marienwallfahrtsort der Schweiz mit Benediktinerkloster

i Information

■ Einsiedeln-Ybrig-Zürichsee AG, Hauptstr. 85, 8840 Einsiedeln, Tel. 055 418 44 88, www.eyz.swiss/de

Das im Jahr 947 von König Otto I. gegründete Stift ist Ziel zahlreicher Pilger sowie eine bedeutende Station auf dem Jakobsweg. In dem barocken Kloster mit der Abtei- und Kathedralkirche Maria Himmelfahrt und St. Mauritius verehren alljährlich Zehntausende Gläubige eine Schwarze Madonna, ein spätgotisches Gnadenbild aus der

Mitte des 15. Jh. im Rahmen der Engelweihe am 14. September.

Sehenswert

Stiftskirche

| **Kirche** |

9 *Die bedeutendste Barockkirche der Schweiz ist ein Meisterwerk*

Zentrales Bauwerk des Klosters ist die von zwei 56 m hohen Türmen flankierte, 100 m lange und festlich ausgestattete Stiftskirche, in den Jahren 1719–1735 nach Plänen des Laienbruders und Architekten Caspar Moosbrugger errichtet. Die Decken in Langhaus und Chor sind mit prächtigen Fresken der Brüder Asam geschmückt. Stuckaturen, das schmiedeeiserne Chorgitter sowie die kostbaren Glasfenster zeugen von höchster Handwerkskunst. In westlichen Bereich des Gotteshauses befindet sich die achteckig ausgeführte Gnadenkapelle mit der hochverehrten Schwarzen Madonna.

■ www.kloster-einsiedeln.ch, Mo–Fr 6–20.30 Uhr, So und feiertags ab 7 Uhr

ADAC *Wussten Sie schon?*

Die schwarze Hautfarbe des **Gnadenbilds Unserer Lieben Frau von Einsiedeln** (15. Jh.) rührte ursprünglich vom Ruß der Kerzen und Lampen, die vor der Statue abgebrannt wurden. Als die Figur 1803 in Österreich restauriert wurde, legte man ihre einstige Farbe frei und übermalte sie in lebhaften Hauttönen. Diese Änderung stieß bei der eidgenössischen Bevölkerung auf sichtlichen Unmut, und so wurde die Madonna um des lieben Friedens willen rasch wieder schwarz übermalt.

12 Schwyz

Wiege der Eidgenossenschaft und namensgebende Kleinstadt

Information

■ Schwyz Tourismus, Zeughausstr. 10, 6431 Schwyz, Tel. 04 18 55 59 50, www.schwyz-tourismus.ch

Die für den Kanton und das ganze Land namengebende Kleinstadt liegt am Fuß der markanten Zwillingsgipfel des Mythen. Wirtschaftlich profitierte Schwyz von der Gotthardroute. Um diese Interessen militärisch abzusichern, verbündete sich die Stadt 1291 mit den benachbarten Waldstätten Uri und Unterwalden – damit war die Keimzelle der Schweiz geschaffen.

Sehenswert

Bundesbriefmuseum

| **Museum** |

Hier ruhen die Gründungsurkunden der Schweiz hinter Panzerglas: die lateinisch abgefassten Pergamentblätter des Bundesbriefes vom 1. August 1291.

■ Bahnhofstr. 20, www.bundesbriefmuseum.ch, Di–So 10–17 Uhr, 5 CHF, Kinder (bis 16 J.) frei

Forum Schweizer Geschichte Schwyz

| **Kulturzentrum** |

Im ehemaligen Korn- und Zeughaus von Schwyz beleuchtet das Forum die Entstehung der Eidgenossenschaft und die Geschichte der Schweiz als Ein- und Auswanderungsland.

■ Zeughausstr. 5, www.nationalmuseum.ch/d/schwyz, Di–So 10–17 Uhr, 10 CHF, Kinder (bis 16 J.) frei

13 Luzern

Die Stadt am Vierwaldstättersee ist das Tor zur Zentralschweiz

Der Rathaussteg überspannt die Reuss und führt vom Luzerner Theater zum Rathaus

Information

■ Tourist Information Luzern, Zentralstr. 5 (im Bahnhof, Gleis 3), 6003 Luzern, Tel. 04 12 27 17 17, www.luzern.com

Die rund 78 000 Einwohner zählende »Leuchtenstadt« Luzern liegt an der nordwestlichen Ecke des Vierwaldstättersees. Der Beiname der Kantonshauptstadt geht auf eine Legende zurück, nach der ein Engel nachts den ersten Siedlern den Platz für eine zu errichtende Kapelle ausgeleuchtet haben soll. Heute ist die schmucke Stadt im Sommer eines der quirligsten touristischen Zentren der Schweiz.

Sehenswert

1 Kunstmuseum

| Museum |

Das Kunstmuseum befindet sich unter dem Dach des Kultur- und Kongresszentrums, kurz KKL, eines vom französischen Architekten Jean Nouvel konzipierten Komplexes. Schwerpunkt der Sammlung ist die Schweizer Landschaftsmalerei des 19. Jh. Werke von Ferdinand Hodler, Hans Emmenegger und Felix Vallotton gehören zu den Highlights des frühen 20. Jh. 1937 gelangten wichtige Gemälde von Vlaminck, Soutine und Pechstein in den Besitz des Kunstmuseums.

Plan
S. 52

■ Europaplatz 1, www.kunstmuseum luzern.ch, Di–So 10–17, Mi 10–20 Uhr, 25 CHF, Kinder (bis 6 J.) frei

2 Sammlung Rosengart

| Galerie |

Die ehemaligen Räume der Schweizerischen Nationalbank garantieren heute Kunstgenuss pur. Die Tresorräume bergen nun 125 Zeichnungen und Aquarelle von Paul Klee – ein Juwel ist die »Herzdame« (1922). Das Erdgeschoss ist den weit über 100 Werken Picassos vorbehalten sowie den rund 200 Fotografien von David Douglas Duncan, die Pablo Picasso bei der Arbeit zeigen. Eine Etage höher sind ausgesuchte Werke französischer Impressionisten ausgestellt.

■ Pilatusstr. 10, www.rosengart.ch, April–Okt. tgl. 10–18, Nov.–März tgl. 11–17 Uhr, 18 CHF, Kinder (bis 7 J.) frei

3 Jesuitenkirche

| Kirche |

In den Jahren zwischen 1666 und 1677 im schweizerischen Barock errichtet, wirkt die ehemalige Schulkirche des Jesuitengymnasiums von außen eher schlicht. Doch in ihrem Innern beherbergt sie einen sehenswerten Rokoko-Hochaltar aus rotem Marmor.

■ Bahnhofstr. 11a, www.jesuitenkirche-luzern.ch

4 Kapellbrücke

| Fußgängerbrücke |

10 *Der einzigartige Reuss-Überweg ist das Wahrzeichen der Stadt*

Die 204 m lange, überdachte Holzbrücke verbindet seit 1333 die Stadtteile beiderseits des Flusses Reuss. Ihr offener Dachstuhl war einst mit 111 Giebelbildern im Stil der Renaissance geschmückt. 1993 zerstörte ein Brand das Mittelstück der Brücke und mit ihm 86 der interessanten Szenen zu Stadtgeschichte und Leben der Heiligen. Unter dem originalgetreu wieder aufgebauten Brückendach hängen nun – mit Brandmeldern ausgestattet und hinter Glas – Reproduktionen sowie einige verbliebene Originalgemälde. Mitten im Fluss und über die Brücke erreichbar steht der steinerne achteckige Wasserturm (14. Jh.), der im Laufe seiner Geschichte als Gefängnis, Schatzhaus und Wachturm diente.

5 Luzerns Altstadt

| Stadtbild |

In der Altstadt am rechten Reussufer steht etwas flussaufwärts am Kornmarkt der 1602–06 errichtete Bau des Alten Rathauses. Sehenswert ist auch das Haus am Rhyn nebenan, ein kleiner, 1618 erbauter Palast. Von den mittelalterlichen Schanzanlagen blieb im Norden der Altstadt die 870 m lange gerade Museggmauer erhalten. Die 1566 entstandene Spreuerbrücke, auch eine überdachte Holzbrücke, führt wiederum an das linke Reussufer. Ihr Name weist darauf hin, dass es einst nur hier gestattet war, Spreu und Asche im Fluss zu entsorgen. Die 1626–35 entstandenen Giebelbilder im Brückendach zeigen einen Totentanz-Zyklus des Malers Kaspar Meglinger.

6 Bourbaki Panorama Luzern

| Museum |

Das zwischen 1977 und 1979 geschaffene Kulturdenkmal erinnert an die Internierung 87 000 französischer Soldaten, die 1871 während des Deutsch-Französischen Kriegs in der Schweiz Zuflucht fanden – eine packende Geschichte, die der Genfer Maler Edouard Castres 1881 auf dem 112 x 10 m großen Rundgemälde erzählt. Das denkmalgeschützte Gebäude birgt das Panorama unter einem Dach mit einem multikulturellen Medienhaus samt Kinos, Bar, Restaurant, Event- und Kunstraum.

■ Löwenplatz 11

7 Verkehrshaus der Schweiz

| Museum |

11 *Ein Muss, wenn Groß und Klein technikbegeistert sind*

Auf einer Fläche von rund 20 000 m² werden mehr als 3000 Objekte ausgestellt: vom Postschlitten bis zur Raumsonde. Ein Schwerpunkt neben der Oldtimer-Sammlung sind die Luftfahrtausstellung mit diversen Flugzeugmodellen, die Lokomotiven, Triebwagen und nostalgischen Waggons.

■ Lidostr. 5, www.verkehrshaus.ch, April–Okt. tgl. 10–18, Nov.–März tgl. 10–17 Uhr, Tagespass 56 CHF, Kinder (bis 6 J.) 11 CHF

Verkehrsmittel

Schifffahrtsgesellschaft des Vierwaldstättersees Die Landungsbrücken der SVG Linien- und Ausflugsschiffe befinden sich nahe beim Luzerner Bahnhof. Haltestationen sind das Verkehrshaus und Orte am Seeufer, etwa Weggis, Vitznau, Flüelen oder Küssnacht am Rigi. ■ www.lakelucerne.ch, Tagesticket 72 CHF (2. Kl.), Kinder (6–11 J.) 11 CHF

Restaurants

€€ | **Zur Werkstatt** Es gibt nur ein Menü. Das Hauptgericht darf man direkt am Herd abholen. Nachschlag ist erlaubt. ■ Waldstätterstr. 18, Tel. 04 19 79 03 03, www.zurwerkstatt.ch, So geschl., Plan S. 52, südl. b2

Cafés

Mardi Gras Café/Bar mit Mosaikboden aus Marokko, Mobiliar aus Frankreich. Kaffee und Kuchen sowie kleinen Gerichten. ■ Burgerstr. 5, Tel. 07 94 55 85 20, www.mardigrasluzern.com, tgl. geöffnet, Plan S. 52, a2

Events

Lucerne Festival Die Konzerthalle des KKLs (S. 50) dient den drei renommierten Konzertreihen als Bühne: »Zu Ostern«, »Im Sommer« (Aug./Sept.) und »Am Piano« (Nov.). ■ www.lucernefestival.ch, Plan S. 52, c2

Erlebnisse

Stanserhorn-Bahn Ihre (beiden) Gondeln sind als »Cabrios« ausgeführt, sie bieten den Fahrgästen die Wahl zwi-

Im Blickpunkt

Auf den Spuren Wilhelm Tells

Am Schwyzer Nordufer des Vierwaldstättersees liegt Küssnacht, das durch die Sage vom Armbrustschützen und Tyrannenmörder Wilhelm Tell bekannt wurde. Hier erinnern Gesslerburg und Hohle Gasse samt Tellkapelle (16. Jh.) an den legendären Schweizer Nationalhelden. Ein Abstecher nach Altdorf am Urner See, dem südlichsten Arm des Vierwaldstättersees, liegt nahe, denn im Hauptort des Kantons Uri soll Wilhelm Tell (im 14. Jh.) den Apfel vom Kopf seines Sohnes geschossen haben. Eine mehr als 500-jährige Tradition als Tellspielhaus pflegt das Altdorfer Theater Uri (www.tellspiele-altdorf.ch). Alle vier Jahre wird der Freiheitskämpfer und Nationalheld hier gefeiert (2020, 2024 usw.). Die Freilichtbühne Rugenwald zu Matten bei Interlaken pflegt das Andenken an Tell seit mehr als 100 Jahren in jedem Sommer (www.tellspiele.ch).

Über 249 Stufen ist der Turm der Ursenkathedrale in Solothurn zu erklimmen

schen geschlossener Kabine und offenen Oberdeck. Die innovative Luftseilbahn führt zur Bergstatin auf das 1849 m hohe Stanserhorn südlich von Luzern. ■ www.stanserhorn.ch, Berg- und Talfahrt 74 CHF

In der Umgebung

Pilatus

| Berg |

12 *Mit Linienschiff und Zahnradbahn hinauf auf Luzerns Hausberg*

Luzerns 2132 m hoher Hausberg zieht im Sommer Wanderer, im Winter Skifahrer an. Ein Ausflug beginnt mit einer Schifffahrt (S. 53) von Luzern nach Alpnachstad. Von dort geht es mit der steilsten Zahnradbahn der Welt mit bis zu 48 % Steigung in 30 Minuten hinauf zur Station Pilatus-Kulm auf 2070 m Höhe.

■ www.pilatus.ch, Mitte Mai–Mitte Nov. 8.10–17.45, Mitte Juni–Mitte Aug. bis 18.45 Uhr

14 Solothurn

Barocke Ambassadorenstadt an den südöstlichen Ausläufern des Jura

Information

■ Solothurn Tourismus, Hauptgasse 69, 4500 Solothurn, Tel. 03 26 26 46 46, www.solothurn-city.ch

Das rund 17000 Einwohner zählende Solothurn ist eine Gründung der Zähringer aus dem 12. Jh., errichtet auf den Ruinen des niedergegangenen römischen Salodurum. Die kompakte und sehr gut erhaltene Altstadt zwischen Baseltor und Bieltor kann sich mit den schönsten mittelalterlichen Orten der Schweiz messen. Nach 1481 erhielt die Kapitale des gleichnamigen Kantons wesentliche städtebauliche Impulse durch die französischen Gesandten, die 1530–1792 ihre Botschaft in Solothurn hatten und etliche Palais und barocke Stadthäuser errichten ließen. Das älteste erhaltene Baudenkmal der Stadt ist der Zeitglockenturm aus dem 12. Jh. Neben dessen astronomischem Zifferblatt ist ein Figurenspiel aus dem 16. Jh. angebracht.

Sehenswert

Kathedrale St. Urs und Viktor

| Münster |

13 *Mächtig überragt das Gotteshaus die Kantonshauptstadt*

Monumental und unübersehbar führen die dreimal elf Stufen einer raumgreifenden Freitreppe zur frühklassi-

ADAC *Wussten Sie schon?*

Solothurn stieß als elfter Kanton zum Bund der Eidgenossen. Die **Zahl Elf** begegnet den Besuchern in der Hauptstadt Solothurn bis heute auf Schritt und Tritt. Es gibt elf Brunnen, elf Kirchen und Kapellen. Zur Kathedrale St. Urs und Viktor führen elf Türen, in ihrem Zwiebelturm hängen elf Glocken, und im Innern gibt es elf Altäre. Die Kirchenheiligen und Märtyrer Urs und Viktor dienten in der elften römischen Legion – nur von einem Elferrat will man in Solothurn nichts wissen.

zistischen St. Ursenkathedrale. Sie wurde 1762–73 nach Plänen des Tessiner Baumeisters Gaetano Matteo Pisoni gestaltet. Einen herrlichen Ausblick auf Altstadt und Aare bietet der 66 m hohe Zwiebelturm.

■ Propsteigasse 10

Altes Zeughaus

| **Museum** |

Harnische, Haubitzen und Hellebarden zeigt das umfassende historische Waffenarsenal dieses Militärmuseums.

■ Zeughausplatz 1, www.museum-altes-zeughaus.ch, Di–Sa 13–17, So 10–17 Uhr, 6 CHF, Kinder (bis 8 J.) frei

15 Biel (Bienne)

Das Zentrum der Schweizer Uhrenindustrie liegt im Seeland am Fuß des Jura

Information

■ Tourismus Biel Seeland, Bahnhofplatz12, 2502 Biel, Tel. 03 23 29 84 84, www.biel-seeland.ch

Biel (53 000 Einw.) liegt an der Nordostspitze des gleichnamigen Sees. Die Stadt ist ein Zentrum der Uhrenindustrie, renommierte Namen wie Rolex, Omega und Swatch haben hier ihren Firmensitz. Die Basler Fürstbischöfe gründeten die Stadt um 1220 und bestimmten bis Ende des 18. Jh. ihre Geschicke. 1798 kam Biel zu Frankreich und wurde beim Wiener Kongress 1815 dem Kanton Bern zugeschlagen. Den Kern der mittelalterlich geprägten Altstadt bildet der malerische Marktplatz. Ihn säumen ansehnliche Gebäude wie das Rathaus (1530–34) im spätgotischen Flamboyantstil und das Zunfthaus zu Waldleuten (1559–61). Figurenbrunnen lockern das Stadtbild auf. In der Obergasse etwa steht der originelle, im 16. Jh. von Michael Wumard geschaffene Teufelsbrunnen, der einen Engel mit einem lüsternen Teufel auf dem Rücken darstellt.

Restaurants

€€ | **La Péniche** Zweigeschossiges Restaurant (150 Plätze) mit großflächigen Terrassen in idyllischer Lage am Bielersee. Schweizer Küche, im Winter auch Käsefondue. ■ Schlossstr. 25, 2560 Nidau, Tel. 03 23 31 30 26, www.stadthausag.ch/peniche, tgl. geöffnet

ADAC *Mobil*

Den längsten Wasserweg der Schweiz befährt die **Bielersee-Schifffahrtsgesellschaft** (BSG). Sie verkehrt auch auf der Aare bis Solothurn sowie auf dem Bielersee, dem Lac Neuchâtel und dem Murtensee. *www.bielersee.ch*

16 Bern

Stimmungsvolle Landeshauptstadt an der Aare

Die Berner Altstadt schmiegt sich an die Ufer der Aare, des längsten Flusses des Landes

i Information

- Bern Tourismus, Bahnhofplatz 10A, 3011 Bern, Tel. 03 13 28 12 12, www.bern.com
- Parken siehe S. 59

Bern (145 000 Einw.) ist Kantonshauptstadt und Bundesstadt, was de facto dem Rang und dem Aufgabenfeld einer Hauptstadt entspricht. Bern verfügt über eine bildschöne, nach drei Seiten vom Fluss Aare geschützte Altstadt, die Anziehungspunkt und Hauptsehenswürdigkeit der viertgrößten Stadt des Landes ist.

3 Berner Altstadt

Der historische Ortskern ist UNESCO-Weltkulturerbe

Drei parallel angelegte Straßen durchziehen den von der Aare eingefassten Landsporn von West nach Ost, handtuchschmale Gassen verbinden diese Achsen miteinander. Typisch für den Stadtkern sind die beiderseits der Gassen entlangführenden, insgesamt 6 km langen Arkadengänge mit den darüber vorkragenden Hausdächern sowie die mit originellen Figuren geschmückten Renaissancebrunnen.

Plan S. 58

Sehenswert

1 Käfigturm

| Turm |

Am Bärenplatz erhebt sich anstelle eines früheren Stadttors der 1641–43 errichtete massive Käfigturm. Sein Name verrät es bereits: Der Turm diente lange Zeit als Kerker.

■ Marktgasse 67

2 Zytglogge

| Turm |

Berns imposantes Wahrzeichen erhielt seine Fundamente bereits im 12. Jh. Die heutige Dachbekrönung mit der spitz zulaufenden Laterne kam erst 1770–71 hinzu. Als ehemaliges Stadttor erhebt sich der Turm über einem Torbogen, über dessen beiden Öffnungen je ein riesiges Ziffernblatt prangt. Auf der Ostseite, zur Kramgasse hin, hat Kaspar Brunner 1530 ein Glockenspiel geschaffen. Jeweils vier Minuten vor jeder vollen Stunde kündigt ein Hahnenschrei den Beginn des Schauspiels an, bei dem u.a. mehrere Bären, ein Löwe, ein Glocken schlagender Narr und der altgriechische Titan Kronos als Personifikation der Zeit mitwirken. Links davon befindet sich eine astronomische Uhr (1527–30), die ebenfalls aus der Werkstatt Brunners stammt.

■ Bim Zytglogge 1

3 Kindlifresserbrunnen

| Brunnen |

Nördlich vom Zeitglockenturm liegt der Kornhausplatz mit dem originellen Kindlifresserbrunnen. Der Fribourger Hans Gieng schuf im 16. Jh. die Brunnenfigur eines feisten, langnasigen Riesen, der sich aus einem mit Kindern gefüllten Sack bedient. Eines der puttenähnlichen Kleinen verschwindet gerade im Schlund des Unholds.

■ Kornhausplatz 18

4 Kornhaus

| Kulturzentrum |

Früher wurden in dem 1718 fertiggestellten Barockbau Getreide und Wein eingelagert. Heute dient das Gebäude als Kulturzentrum, das Ausstellungen mit den Themenschwerpunkten Architektur, Angewandte Kunst, Design und Fotografie zeigt. Im Gewölbe des Souterrains befindet sich das Restaurant Kornhauskeller mit Bar, im Parterre das Kornhauscafé. Der Dachstock wird von einer kleinen Bühne des Stadttheaters genutzt, außerdem beherbergt das Gebäude eine Bibliothek.

■ Kornhausplatz 18

5 Kramgasse

| Straßenzug |

Vom Zeitglockenturm nach Osten verläuft die Kramgasse, die mit ihren Laubengängen, stilvollen Häuserfassaden aus dem 18. Jh. und zwei weiteren Figurenbrunnen zu den malerischsten Gassen Berns zählt.

6 Einsteinhaus

| Museum |

In der Kramgasse Nr. 49 wohnte 1903–05 Albert Einstein (1879–1955), zu dieser Zeit noch ein kleiner Angestellter im Patentamt. Das ehemalige Wohnhaus beherbergt ein kleines Museum, das mit Fotos und anderen Dokumenten an den Physik-Nobelpreisträger von 1921 erinnert. Gelegentlich werden auch Lesungen veranstaltet.

■ Kramgasse 49, www.einstein-bern.ch, Feb.–Ende Dez. tgl. 10–17 Uhr, 6 CHF, Kinder (8–15 J.) 3 CHF

7 Gerechtigkeitsgasse

| Straßenzug |

An ihrem östlichen Ende geht die Kramgasse in die ebenfalls sehenswerte Gerechtigkeitsgasse über. In den Geschäftszeilen der flankierenden Laubengänge haben sich schicke Boutiquen, Antiquitätenläden und Kellertheater eingerichtet. Die überdachten Arkaden erlauben auch bei schlechtem Wetter einen gemütlichen Einkaufsbummel. Der 1543 von Hans Gieng geschaffene Gerechtigkeitsbrunnen zeigt Justitia mit verbundenen Augen sowie Schwert und Waage in den Händen. Die Gerechtigkeitsgasse führt direkt auf die 1840–44 erbaute

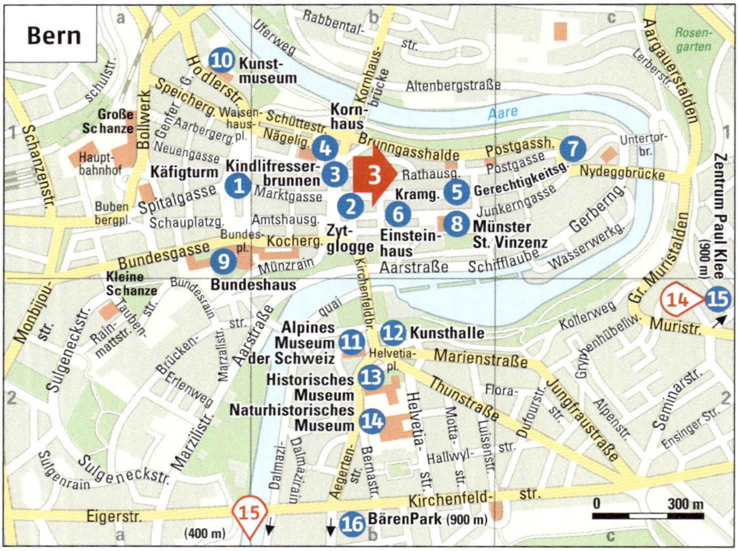

steinerne Nydeggbrücke zu, die in einem 55 m langen, bis zu 26 m hohen Bogen die Aare überspannt.

8 Münster St. Vinzenz
| Kathedrale |

Das 1421 begonnene Münster ist die größte und wichtigste spätmittelalterliche Kirche der Schweiz und war einst dem hl. Vinzenz von Saragossa geweiht. Nach dem reformationsbedingten Baustopp wurde sie erst im 19. Jh. nach Aufkommen des Historismus vollendet; ihr 100 m hoher Turm wurde gar erst 1893 fertiggestellt. Herausragend ist das von Erhard Küng gegen Ende des 15. Jh. geschaffene Hauptportal. Sein Bogen wird von 234 filigran gearbeiteten Sandsteinfiguren geschmückt. Das weltberühmte Relief im Bogenfeld stellt das Jüngste Gericht dar. Wegen der Luftverschmutzung im 20. Jh. wurden die 47 lebensgroßen Figuren durch Kopien ersetzt. Die Originalfiguren sind im Bernischen Historischen Museum ausgestellt (S. 60).

■ Münsterplatz 1

9 Bundeshaus
| Parlamentsgebäude |

Am »Schweizer Volkshaus« bauten von 1894–1902 Handwerker und Künstler aus der ganzen Schweiz, ebenso fanden Gesteinsarten und Hölzer aus allen Landesteilen Verwendung. Im Rahmen einer Führung können die beiden Ratssäle und die mit zahlreichen allegorischen Plastiken zur Schweizer Geschichte ausgestattete Kuppelhalle besichtigt werden.

■ Bundesplatz, Tel. 03 13 12 94 01, www.parlament.ch, in sitzungsfreier Zeit kostenlose Führungen Mo, Mi, Fr 11.30, Mo–Sa 15 Uhr, tel. Anmeldung am Vortag und Personalausweis nötig

ADAC *Spartipp*

Kostenlos baden: Unterhalb des Bundeshauses trifft sich bei sommerlichen Temperaturen ganz Bern im **Marzilibad,** um sich in den kühlen Wassern der Aare oder im 50-m-Becken zu erfrischen.
Marzilistr. 29, Eintritt frei, Plan S. 58

10 Kunstmuseum
| Museum |

Das Museum zeigt italienische, schweizerische und französische Gemälde und Plastiken vom Mittelalter bis zur Gegenwart. Zu den Ausstellungshighlights zählen Werke der Impressionisten Manet, Monet und Renoir sowie von Paul Cézanne und Vincent van Gogh. Ein weiterer Schwerpunkt liegt auf der klassischen Moderne mit bedeutenden Arbeiten des bei Bern geborenen Malers Paul Klee.

■ Hodlerstr. 12, www.kunstmuseumbern.ch, Di 10–21, Mi–So 10–17 Uhr, 10 CHF, Kinder (bis 16 J.) frei

P Parken

In Berns Altstadt parkt man am besten im **Parkhaus Amag Rathaus Parking.**
■ Postgasshalde 50, www.parking-bern.ch, 1,80 CHF/30 Min., 0,70 CHF/weitere 15 Min., Plan S. 58, b1

Cafés

Adrianos Berns Trendsetter in Sachen Kaffee: australische, neuseeländische oder amerikanische Variationen, dazu italienisch-inspirierte Sandwiches und Bagels. ■ Theaterplatz 2, www.adrianos.ch, tgl. geöffnet, Plan S. 58, b1

Außerhalb der Altstadt

Highlights der Berner Museumslandschaft am anderen Flussufer

An dem der Altstadt gegenüberliegenden Ufer der Aare befinden sich weitere Sehenswürdigkeiten, die beim Bern-Besuch nicht fehlen dürfen.

11 Alpines Museum der Schweiz

| Museum |

Das modern konzipierte Haus zeigt auf knapp 1000 m² lebendige Sonderausstellungen zu vielen aktuellen Bergthemen der Welt.

■ Helvetiaplatz 4, www.alpinesmuseum.ch, Di–So 10–17 Uhr, 16 CHF, Kinder (6–16 J.) 6 CHF

12 Kunsthalle

| Museum |

Hier locken wechselnde Ausstellungen zeitgenössischer Kunst. Diese sind nicht nur bekannten Größen der Kunstszene gewidmet, sondern zeigen auch Werke noch weithin unbekannter Maler und Bildhauer.

■ Helvetiaplatz 1, www.kunsthalle-bern.ch, Di–Fr 11–18, Sa, So 10–18 Uhr, 8 CHF, Kinder (bis 16 J.) frei

13 Bernisches Historisches Museum

| Museum |

Das 1894 entstandene Gebäude erinnert an ein Schlösschen. Seine Exponate laden zu einem Streifzug durch die Geschichte des Kantons Bern ein. Neben den Originalskulpturen vom Hauptportal des Berner Münsters (S. 59) zählen die Gouache-Kopien des nur teilweise erhaltenen »Berner Totentanzes« zu den wertvollsten Exponaten. Niklaus Manuel (1484–1530) hatte das 80 m lange Fresko ursprünglich auf eine Kirchhofsmauer gemalt.

■ Helvetiaplatz 5, www.bhm.ch, Di–So 10–17 Uhr, 13 CHF, Kinder (6–16 J.) 4 CHF

14 Naturhistorisches Museum

| Museum |

Die Ausstellung umfasst Riesenkristalle aus dem Kanton Glarus sowie 220 Dioramen mit europäischen und afrikanischen Säugetieren und Vögeln. Star ist der zum Mythos gewordene Bernhardiner Barry (1800–1812), der ausgestopft im Foyer Wache hält. Der Spürhund hatte Anfang des 19. Jh. am Großen St. Bernhard über 40 Menschen aus Bergnot gerettet.

■ Bernastr. 15, www.nmbe.ch, Mo 14–17, Di, Do, Fr 9–17, Mi 9–18, Sa, So 10–17 Uhr, 10 CHF, Kinder (bis 16 J.) frei

15 Zentrum Paul Klee

| Museum |

14 *Ein absolutes Highlight für Freunde der Kunst Paul Klees*

Das von Renzo Piano entworfene Museum beherbergt die weltweit größte Sammlung des bei Bern geborenen Künstlers Paul Klee (1879–1940). Neben wechselnden Präsentationen der Sammlung und Sonderausstellungen locken das Kindermuseum Creaviva und ein reiches Kulturprogramm.

■ Monument im Fruchtland 3, www.zpk.org, Di–So 10–17 Uhr, 20 CHF, Kinder (6–16 J.) 7 CHF

16 BärenPark

| Bärengehege |

Auf einem 6000 m² großen Gelände am Aare-Ufer haben zwei Bären – Björk und Finn – eine neue, artgerechte Heimat gefunden. Seit dem 15. Jh. ist der Bärengraben, ein von Bären bewohnter Zwinger, verbürgt. Die besondere Beziehung zwischen Bern und »seinen« Bären geht zurück auf die Legende, dass Herzog Berchtold V. von Zähringen einst in den umliegenden Wäldern einen Bären erlegt und danach seine neu gegründete Stadt Bern genannt haben soll.

■ Tierparkweg 1, Bern, www.tierpark-bern.ch, 10 CHF, Kinder (6–15 J.) 6 CHF

Restaurants

€€ | **Altes Tramdepot** Wunderschöner altehrwürdiger Brauereigasthof. Süffiges hausgebrautes Weizenbier. Von der Terrasse aus herrlicher Blick auf die Berner Altstadt. ■ Grosser Muristalden 6, Tel. 03 13 68 14 15, www.altestramdepot.ch, tgl. ab 10 Uhr, Plan S. 58, c1

15 €€ | **Essort** Die Kunst des Einfachen zelebriert dieses Restaurant. Mittagstisch und abends zwei Menüs (3–6 Gänge) zur Auswahl – und diese präsentieren Kochkunst auf höchstem Niveau. ■ Jubiläumsstr. 97, Tel. 03 13 68 11 11, www.essort.ch, So geschl., Plan S. 58, südl. b2

17 Gstaad

Mondäner Jetset-Treff der Wintersportler mit exklusiver Hotellerie

Das nur 3000 Einwohner zählende Gstaad ist ein Tummelplatz des internationalen Jetsets. Wachgeküsst wurde der kleine Ort 1913 – mit der Eröffnung des Palace Hotels, das noch heute zu den exklusivsten Grandhotels der Welt zählt. Der Aufstieg Gstaads bekam 1920 zusätzliche Fahrt, als hier das renommierte Internat Le Rosey eröffnet wurde und die Reichen und Superreichen fortan ihre Sprösslinge der Bildung wegen nach Gstaad

Gstaads exklusive Gästeschaft schätzt die Urtümlichkeit des Orts

schickten. Die sonnige Tallage, frische Luft sowie Wanderwege und Skipisten taten ein Übriges, um Gstaad zum Nobelferienort zu machen.

Events

Swiss Open Tennis-ATP-Turnier im Juli. ■ https://swissopengstaad.ch

Menuhin Festival Zwischen Juli und September werden seit 1956 klassische Konzerte veranstaltet. ■ www.gstaadmenuhinfestival.ch

In der Umgebung

Saanen

| Ortsbild |

Der Nachbarort Saanen ist der Verwaltungssitz des Saanetals. In dem schmucken Dorf mit etlichen historischen, bis zu 400 Jahre alten Chalets lohnt ein Besuch der spätgotischen Mauritiuskirche. Das kleine Gotteshaus beherbergt Wandmalereien aus dem 15. Jh. und eine kunstvoll mit Intarsien verzierte Renaissancekanzel.

Simmental

| Tal |

Das Simmental ist vor allem für seine mit dekorativer Zimmermannskunst geschmückten Bauernhäuser bekannt. Hauptort des malerischen Tals ist das Wintersportzentrum Lenk, das sich durch seine Schwefelquellen auch als Kurbad einen Namen gemacht hat. Vom Talschluss in Oberried gelangt man in einer halbstündigen Wanderung zur Räzlialp, bei der sich die Wasser mehrerer Gebirgsbäche zu den eindrucksvollen weiß schäumenden Simmenfällen vereinen.

18 Thunersee

Märchenschlösser und romanische Kirchen an traumhaft schönem Bergsee

i Information

- Thun Welcome-Center, Seestr. 2, 3600 Thun, Tel. 03 32 25 90 00, www.thunersee.ch

Bis zur letzten Eiszeit bildete der Thunersee mit seinem Nachbarn, dem Brienzersee, im Tal der Aare ein einziges Gewässer, das durch Verlandung in die beiden Oberländer Seen geteilt wurde. Die Ufer des 18 km langen und bis zu 4 km breiten Thunersees erschließt eine Panoramastraße. Segler und Surfer wissen die stete Brise zu schätzen, kleine Seebäder laden im

Thun am Thunersee: Eiger, Mönch und Jungfrau grüßen über den See

Hochsommer zu einem Sprung in den Sees ein. Am Ausfluss der Aare aus dem Thunersee liegt das Städtchen Thun (43 000 Einw.). Die Stadtgründung geht auf den Zähringer Herzog Berchtold V. zurück, der hier 1191 ein befestigtes Schloss anlegen ließ. Die verkehrsgünstige Lage förderte das Wachstum des in seinem Schutz entstandenen Städtchens. Als 1835 die Dampfschifffahrt auf der Aare und den Seen startete und 1859 die Bahntrasse nach Bern fertiggestellt war, avancierte Thun gar zum wichtigsten Handelszentrum im Berner Oberland.

Historisches Museum, Thun

| Museum |

Das Thuner Schloss beherbergt das Historische Museum. Antependien (Altarbekleidungen) aus dem 13. und 14. Jh. gehören zu den kostbarsten Exponaten.

■ Schlossberg 1, Thun, www.schlossthun.ch, Feb., März tgl. 13–16, April–Okt. tgl. 10–17, Nov.–Jan. So 13–16 Uhr, 10 CHF, Kinder (bis 16 J.) 3 CHF

Schloss Schadau, Thun

| Park |

Schloss Schadau, das heute als Hotel fungiert, liegt zauberhaft im nach ihm benannten weitläufigen Park am Seeufer. Das turmgeschmückte Schloss wurde 1849–54 von einem Neuenburger Bankier errichtet und wirkt durch den verspielten Stilmix äußerst gefällig. Im Park ist in einem Rundbau das Thun-Panorama untergebracht. Das älteste noch erhaltene Rundbild der Welt, eine 39 × 7,5 m große Stadtansicht von Thun, schuf der Basler Künstler Marquard Wocher 1809–14.

■ Seestr. 45, Thun, www.thun-panorama.com, Mitte März–Nov. Di–So 11–17 Uhr, Eintritt frei

Schloss Hünegg

| Museum |

Schloss Hünegg am Nordufer des Thunersees wurde 1861–63 im Stil der französischen Renaissance erbaut, um 1900 erneuert und mit schmuckem Jugendstilmobiliar ausgestattet. Heute nimmt es ein Museum für Wohnkultur, Historismus und Jugendstil auf. Außerdem präsentiert hier seit 2018 das Schweizerische Gastronomiemuseum Zuckerdosen, Korkenzieher sowie eine Sammlung von Kochbüchern und Speisekarten.

■ Staatsstr. 52, Hilterfingen, www.schlosshuenegg.ch, Mitte Mai–Mitte Okt. Di–Sa 14–17, So 11–17 Uhr, 10 CHF, Kinder (bis 6 J.) frei

Schloss Oberhofen

| Museum |

Das romantische Wasserschlösschen, im 12. Jh. errichtet, birgt ein Wohnmuseum, das seinen Besuchern zeigt, wie es sich der Adel in früheren Zeiten gemütlich machte. Im mächtigen Bergfried richtete sich der Schlossherr um 1855 einen türkischen Rauchsalon ein, der durch die ornamentale Holzdecke und die Diwane entlang der Wände einen Hauch von Tausendundeiner Nacht vermittelt.

■ Oberhofen, www.schlossoberhofen.ch, Mitte Mai–Mitte Okt. Di–So 11–17 Uhr, 10 CHF, Kinder (6–16 J.) 2 CHF

Gefällt Ihnen das?

Wie man einst wohnte und lebte, zeigt nicht nur das Museum im Schloss Oberhofen, sondern auch das **Engadiner Museum** in St. Moritz (S. 85) oder das **Museum in Appenzell** (S. 30).

Spiez

| Ortsbild |

Der Hauptort (12700 Einw.) am Südufer des Thunersees erstreckt sich malerisch um eine halbkreisförmige Bucht. Seine Schlosskirche (11. Jh.) ist eine von zwölf Thunersee-Kirchen, die mit ihren jeweils drei Apsiden deutlich von der oberitalienischen Architektur beeinflusst sind. Sehenswert ist im Inneren das Chorgewölbe mit romanischen Wandmalereien. Direkt an der Uferpromenade zieht Schloss Spiez alle Blicke auf sich. Die ehemalige Adelsresidenz ist heute Museum und Sitz der Kommunalverwaltung.

■ Schlossstr. 16, Spiez, www.schloss-spiez.ch, Karfreitag–Mitte Okt. Mo 14–17, Di–So 10–17, Juli, Aug. bis 18 Uhr, 10 CHF, Kinder (6–16 J.) 2 CHF

Verkehrsmittel

BLS Schifffahrt Berner Oberland Die Linienboote fahren sowohl auf dem Thunersee als auch auf dem Brienzersee. ■ Seestr. 9, Thun, www.bls.ch/schiff

Restaurants

€€ | **Sottoriva – Ostaria Venexiana** Authentische italienische Gastlichkeit und eine Terrasse über der Aare. ■ Freienhofgasse 12, Thun, Tel. 03 32 21 54 91, www.sottoriva.ch, So geschl.

Kinder

Miniatur-Dampfabahn Im Schadaupark (S. 63) freuen sich die Kinder unter den Besuchern über eine Fahrt mit der Miniatur-Dampfbahn, die an zwei Wochenenden im Monat unterwegs ist. ■ www.dampfbahn-schadau park.ch, 3 CHF, Kinder 2 CHF

In der Umgebung

St. Beatus-Höhlen

| Tropfsteinhöhlen |

In den weitläufig verzweigten Grotten im Niederhorn-Massiv faszinieren bizarr geformte Tropfsteine und unterirdische Wasserfälle. Das angegliederte Höhlenmuseum erklärt den Besuchern die Entstehungsgeschichte des unterirdischen Labyrinths.

■ www.beatushoehlen.ch, Führungen Ende März–Ende Okt. tgl. 9.30–17 Uhr, 18 CHF, Kinder (6–16 J.) 10 CHF

19 Interlaken

Wiege des schweizerischen Alpentourismus am Fuße der Jungfrau

Information

■ Interlaken Tourismus, Höheweg 37, 3800 Interlaken, Tel. 03 38 26 53 00, www.interlaken.ch

Interlaken (5600 Einw.) ist die touristische Drehscheibe im Berner Oberland. Zur reizvollen Lage auf dem »Bödeli« genannten Schwemmland zwischen Thuner und Brienzersee kommt die Nähe zur Jungfrauregion, die den Ort als Ausgangspunkt für Touren ins umliegende Hochgebirge prädestiniert. Es erwies sich als Glücksfall für den ursprünglich durch Molkekuren bekannt gewordenen Kurort, dass eine im Zentrum gelegene, 14 ha große Wiese Mitte des 19. Jh. unbebaut blieb. Am Nordrand dieser sogenannten Höhematte legte man eine heute von Luxushotels gesäumte Promenade an, den Höheweg, von dem sich ein unvergleichlich schöner Blick auf das Jungfraumassiv ergibt.

Top of Interlaken: Die Aussichtsplattform auf dem Harder Kulm bietet grandiose Blicke

Sehenswert

Harder Kulm

| Aussichtsberg |

Eine Standseilbahn macht den Besuch des Harder Kulm (1322 m) ausgesprochen bequem. Die Fahrt nimmt kaum 10 Min. in Anspruch. Oben bietet sich ein herrlicher Blick auf Thunersee, Brienzersee und die Jungfrauengruppe.

■ Talstation gegenüber Bahnhof Interlaken-Ost, Ende April–Ende Okt., 38 CHF, Kinder (6– 16 J.) 19 CHF

Touristikmuseum der Jungfrauregion

| Museum |

Die Exponate im ehemaligen Pfarrhaus (16. Jh.) geben einen Einblick in die Geschichte des Tourismus im Berner Oberland. Gezeigt werden Modelle und Fotos von der Erschließung der Region mithilfe von Dampfschiffen, Eisen- und Bergbahnen.

■ Obere Gasse 28, Unterseen, www.touristikmuseum.ch, Mai–Mitte Okt. Di–So 14–17 Uhr, 8 CHF, Kinder 4 CHF

Kinder

Jungfrau Park Interlaken Freizeitpark für Jung und Alt. Fans unerklärlicher Dinge fühlen sich von der Mystery World angezogen, weniger esoterisch geht es bei den Swiss Alps Shows und im Kinderparadies Mysty Land zu. ■ Obere Bönigstr. 100, 3800 Matten bei Interlaken, www.jungfraupark.ch, Mai–Okt. tgl. 11–18 Uhr, 40 CHF, Kinder (6–16 J.) 22 CHF

Erlebnisse

Schynige Platte-Bahn Eine Nostalgiefahrt ist die einstündige Bahnreise zur »scheinenden Platte«. Loks und Personenwagen der unverwüstlichen Zahnradbahn wirken wohltuend altmodisch; die Bergstation (Höhe 1967 m) verfügt über ein Hotel und ein Restaurant und belohnt mit feinster Panorama-Aussicht. ■ Talstation: Bahnhof Ailderswil, 3812 Wilderswil, Anf. Juni–Ende Okt., Berg- und Talfahrt 64 CHF, Kinder (6–16 J.) 20 CHF

Im Blickpunkt

Jungfrauregion: Viertausender, Wasserfälle, Skizirkus

Die Jungfrauregion mit dem Dreigestirn Eiger (3970 m), Mönch (4099 m) und Jungfrau (4158 m) ist das Herzstück der Berner Alpen. Eingebettet in diese großartige Berglandschaft liegen kleine zauberhafte Ferienorte, etwa Lauterbrunnen (800 m) im Trogtal, das zu beiden Seiten von schroff aufragenden Kalkwänden eingefasst wird. Wahrzeichen des Orts ist der Staubbachfall, der nahe der oberen Dorfhälfte von einer überhängenden Felswand fast 300 m zu Tal stürzt. Ein ohrenbetäubendes Naturschauspiel inszenieren die 4 km tief im Tal liegenden Trümmelbachfälle: Bis zu 20 000 l Wasser pro Sekunde donnern über zehn zusammen 200 m hohe Gletscherfälle im Inneren des Berges Schwarzer Mönch und sind über einen Aufzug zugänglich. Das autofreie Mürren liegt in 1650 m Höhe am Fuß des Schilthorns auf einer sonnigen Terrasse. Gern fahren Besucher mit der Gondelbahn auf das Schilthorn (2970 m). Vom Gipfel sieht man an klaren Tagen den Mont Blanc. Weitere international bekannte Luftkur- und Wintersportorte sind das autofreie Wengen (1275 m) und das Bergsteiger- und Skizentrum Grindelwald (1090 m). In Wengen wird jedes Jahr im Januar das Lauberhornrennen ausgetragen, eines der schwierigsten im internationalen Skizirkus.

20 Jungfrau

Grandiose Bergwelt mit imposanten Drei- und Viertausendern

1811 bezwangen die Brüder Rudolf und Hieronymus Meyer aus Aarau erstmals den 4158 m hohen Gipfel der Jungfrau, des dritthöchsten Berges der Berner Alpen. Sie bildet zusammen mit Eiger und Mönch eine markante Dreiergruppe. Heute ist die majestätische Bergwelt auch für »Normalsterbliche« erschlossen. Ende 2001 ernannte die UNESCO die Region Jungfrau-Aletsch-Bietschhorn gar zum Weltnaturerbe.

Sehenswert

Jungfraujoch
| Gipfelstation |

4 *Reise zum höchstgelegenen Bahnhof Europas*

Die Attraktion der Region schlechthin und ein Höhepunkt jeder Schweizreise ist das Jungfraujoch (3454 m), der tiefste Punkt des Verbindungsgrats zwischen Mönch und Jungfrau, auf den die Jungfraubahnen hinaufführen. Die Konstruktion der Zahnradbahn hinauf ins ewige Eis war eine technische Meisterleistung. Ab 1896 wurde Tag und Nacht im Schichtbetrieb gearbeitet, bis schließlich 1912 – nach 16 Jahren – die Zahnradstrecke eröffnet werden konnte. Die Gipfelstation ist ein internationaler touristischer Hotspot, der mit mehreren unterschiedlichen Restaurants aufwartet.

■ Jungfraubahnen: Höheweg 37, Interlaken, Tel. 03 38 28 72 33, www.jungfrau.ch, ganzjährig (es ist ratsam, Tickets mit zeitlichem Vorlauf online zu buchen), je nach Abfahrtsort ca. 230 CHF, Kinder (6–15 J.) halber Preis

21 Brienzersee

Hier werden Brauchtum und altes Handwerk liebevoll gepflegt

Bis zu 259 m tief ist das an seiner Oberfläche meist hellgrün schimmernde Wasser des Brienzersees. Der 14 km lange und bis zu 2,5 km breite See wird im Süden vom Gebirgszug des Faulhorns (2681 m) und im Norden vom geringfügig niedrigeren Brienzer Grat eingefasst. Brienz (3150 Einw.) am Nordostufer des nach dem Ort benannten Sees ist ein Zentrum der Holzschnitzkunst. In dem kleinen Ort befinden sich die Werkstätten der Schweizer Geigenbauschule sowie eine Schule für Holzbildhauer.

ADAC *Mittendrin*

Die seit mehr als 135 Jahren bestehende **Schule für Holzbildhauerei** kann besichtigt werden. Besucher können dem Bildhauer-Nachwuchs bei der Arbeit zusehen. *Schleegasse 1, www.holzbildhauerei.ch, Mo–Do 8–11.30 und 13.30–17, Fr 8–11.30 und 13.30–16 Uhr, Schulferien geschl.*

Sehenswert

Brienz Rothorn Bahn

| Nostalgiebahn |

16 *Mit dampfenden, quietschenden Loks auf Nostalgiefahrt*

Hier werden seit 1892 Züge von Dampfloks bergwärts zum Rothorn Kulm (2244 m) hoch über Brienz geschoben. Sieben kohlegefeuerte Loks der Baujahre 1891–1936 sind erhalten, drei davon in Betrieb. Auf der einspurigen Zahnradstrecke pende
auch vier optisch ähnliche öl
Dampfloks (Baujahr 1992– schmalspurigen Züge überwinden bei bis zu 25 % Steigung insgesamt 1678 Höhenmeter. Die Fahrzeit beträgt bei einer maximalen Geschwindigkeit von 9 km/h gut eine Stunde.

■ Hauptstr. 149c, Brienz, www.brienz-rothorn-bahn.ch, Juni–Okt., Hin- und Rückfahrt 92 CHF, Kinder gratis

In der Umgebung

Aareschlucht

| Schlucht |

Zwischen Meiringen und Innertkirchen, 15 km östlich von Brienz, hat die Aare eine 1400 m lange und 200 m tiefe, teils nur 1 bis 2 m breite Klamm durch den Felsriegel Kirchet gegraben. Das Naturwunder ist beleuchtet und wird für Besucher von sicheren Wegen mit Handlauf erschlossen.

■ www.aareschlucht.ch, Westeingang ab Mitte April, Osteingang ab Mitte Mai geöffnet, April–Juni und Sept., Okt. tgl. 8.30–17.30, Juli, Aug. Do, Fr, Sa Abendbeleuchtung 18.30–22 Uhr, 9 CHF, Kinder (6–16 J.) 5 CHF

Gletscherschlucht Rosenlaui

| Schlucht |

Sehr beeindruckend ist die ca. 12 km südlich von Meiringen an der Straße zur Grossen Scheidegg gelegene Gletscherschlucht Rosenlaui. Der Rundgang durch die Schlucht dauert etwa 45 Min. Festes Schuhwerk –Turn- oder Wanderschuhe – ist empfehlenswert. Der Weg eignet sich nicht für Kinderwagen und Rollstühle.

■ www.rosenlauischlucht.ch, Mitte Mai–Mitte Okt. 9–17, Juni–Sept. 9–18 Uhr, 8 CHF, Kinder (6–16 J.) 4 CHF

Übernachten

Im Herzen der Schweiz bewegt sich die Hotellerie zwischen Tradition und Innovation – sowohl in den historischen Stadtperlen wie Luzern und Bern als auch im Umland an Bergen und Seen. Hochsaison in Luzern ist Juni bis Mitte September. Während des sommerlichen Lucerne Festivals (Mitte Aug.–Mitte Sept.) sollte man frühzeitig buchen. In Bern werden Hotelzimmer während der Sitzungswochen des Parlaments knapp (Daten unter www.parlament.ch).

Luzern 50

€ | **Zum Rebstock** Historisches Fachwerkhaus mit 29 Gästezimmern innerhalb der Fußgängerzone. Beliebtes Restaurant. Parkgarage, ca. 200 m entfernt. ■ St. Leodegarstr. 3, 6006 Luzern, Tel. 04 14 17 18 19, www.rebstock-luzern.ch

€€ | **Hotel des Alpes** Nichtraucherhotel mit Restaurant direkt an der Kapellbrücke. Die geräumigen Zimmer verfügen zum Teil über kleine Balkone mit Seeblick. ■ Furrengasse 3, 6004 Luzern, Tel. 04 14 17 20 60, www.desalpes-luzern.ch

Solothurn 54

€ | **Baseltor** Kleines Haus mit 11 modernen komfortablen Zimmern und gutem Restaurant (mit Gault-Millau-Auszeichnung). ■ Hauptgasse 79, 4500 Solothurn, Tel. 03 26 22 34 22, www.baseltor.ch

Biel 55

€ | **Florida** In ruhiger Lage, 8 km von Biel und 6 km von Lyss entfernt, grenzt an das Naturschutzgebiet Alte Aare. Idealer Ausgangspunkt, um das Seeland beispielsweise auf zwei Rädern zu erkunden. Restaurant und Pizzeria, Wellnessbereich mit Sauna und Dampfbad, Minigolf. WLAN und Parkplätze gratis. ■ Grienweg 14, 2557 Studen, Tel. 03 23 74 28 28, www.florida.ch

Bern 56

€ | **Waldhorn** Ruhig am rechten Aare-Ufer gelegenes Eckhaus mit 46 bequemen, zweckmäßig eingerichteten Gästezimmern. ■ Waldhöheweg 2, 3013 Bern, Tel. 03 13 32 23 43, www.waldhorn.ch

€€ | **Unique Hotel Innere Enge** Das Kulturhotel veranstaltet erstklassige Konzerte im eigenen Marians Jazzroom. Hotelgäste können ihre Tickets über die Rezeption buchen und erhalten jeweils 10 CHF Preisnachlass. Brasserie, Snack-Bar und Grill-Terrasse. Behindertengerecht, WLAN und Parkplätze gratis, der Park bietet herrliche Aussicht auf die Berner Altstadt. ■ Engestr.54, 3012 Bern, Tel. 03 13 09 61 11, www.innere-enge.ch

Gstaad 61

€€ | **Posthotel Rössli** Das älteste Gasthaus in Gstaad, Baujahr 1845. Seit 1922 von den jetzigen Besitzern in vierter Generation familiengeführt. Klein, zentral und urgemütlich. ■ Promenade 10, 3780 Gstaad, Tel. 03 37 48 42 42, www.posthotelroessli.ch

Thunersee 62

€€ | Schönbühl Traditionshaus am Thunersee. 19 großzügig bemessene Zimmer, WLAN gratis. Restaurant mit Tagesgerichten, der Wein stammt aus den eigenen Lagen. ■ Dorfstr. 47, 3652 Hilterfingen, Tel. 03 32 43 23 83, www.schoenbuehl.ch

Interlaken 64

€€ | Hirschen Schweizer Küche und ein 3-Sterne-Hotel im rustikalen Ambiente eines 300 Jahre alten Bauernhauses. ■ Hauptstr. 11, 3800 Interlaken (Ortsteil Matten), Tel. 03 38 22 15 45, www.hirschen-interlaken.ch

€€ | Krebs Boutique-Hotel in zentraler Lage nahe des Bahnhofs Interlaken West. 44 Zimmer, Terrassen-Restaurant, Parkplätze (Reservierung erforderlich, 15 CHF/Tag). ■ Bahnhofstr. 4, 3800 Interlaken, Tel. 03 38 26 03 30, www.krebshotel.ch

Jungfrau 66

€ | Belvédère Eine kleine Zeitreise: Jugendstilhotel von 1912, mit viel Liebe zum Detail und mit großem Aufwand erhalten. Spektakulärer Ausblick auf die Jungfrau. Wichtig: Die Zufahrt ist nur bis Lauterbrunnen möglich, dort gibt es ein öffentliches Parkhaus. ■ Galliweidli, 3823 Wengen, Tel. 03 38 56 68 68, www.belvedere-wengen.ch

€€€ | Aspen Alpin Lifestyle Alle Zimmer dieses Hotels in Schweizer Chalet-Stil bieten Aussicht auf den Eiger oder das Wetterhorn. WLAN gratis. Restaurant (im Sommer auch Halal-Speisen), Wellnessbereich mit Whirlpool im Freien. Privatparkplätze gegen Aufpreis. ■ Aspen 1, 3818 Grindelwald, Tel. 03 38 54 40 00, www.hotel-aspen.ch

ADAC *Das besondere Hotel*

Das **Grandhotel Giessbach** beim Giessbach-Wasserfall, zu dem auch eine Standseilbahn hinaufführt, ist ein historisches Haus aus dem Jahr 1874, das den Charme und die Kultiviertheit jener Zeit noch spüren lässt. Die Zimmer sind teils mit original-restaurierten Möbeln der Jahrhundertwende eingerichtet. Das Anwesen befindet sich in abgeschiedener Lage über dem Brienzersee inmitten eines 22 ha großen Parks. Es gibt einen Außenpool und zwei Restaurants, kostenfreie Parkplätze und WLAN.

€€€ | Giessbach, 3855 Brienz, Tel. 03 39 52 25 25, www.giessbach.ch

Graubünden, Engadin und Bergell

Bis über 4000 m hohe Gipfel, Täler und Seen prägen den flächengrößten Kanton der Schweiz, der sich in den Südosten des Landes schmiegt

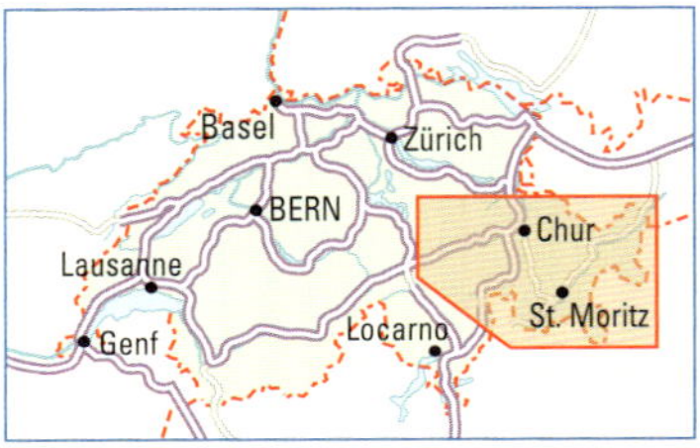

Lange waren die Bündner als spleenige Hinterwäldler verschrien, nicht zuletzt weil sie das Automobilzeitalter anfangs schlichtweg ignorierten: Von 1900 bis 1925 blieb die Grenze des flächenmäßig größten Schweizer Kantons (7105 km²) für Kraftfahrzeuge geschlossen. Heute freilich rollt der Verkehr ungehindert über nicht weniger als acht Alpenpässe in die »Ferienecke« der Schweiz.
Rund 150 Täler zählt der Alpenkanton und fast 1000 Berggipfel. Hier schufen die Quellflüsse des jungen Rheins mit der Via Mala und der Rheinschlucht grandiose Naturlandschaften. Nicht minder reizvoll ist das Engadin entlang des Inns, eines der schönsten Hochgebirgstäler der Welt. In der Oberengadiner Seenplatte spiegeln sich die Silhouetten der vergletscherten Bergriesen der Berninagruppe.
Außerdem wird in Graubünden Ski gelaufen. Davos ist der größte Wintersportort der Schweiz, St. Moritz der mondänste, das nicht minder berühmte Aros vielleicht der ruhigste.

In diesem Kapitel:

ADAC Top Tipps:

5 Schweizerischer Nationalpark, Zernez
| Nationalpark |
Der 170,3 km² große Nationalpark steht unter UNESCO-Schutz und dient als Rückzugsgebiet für Flora und Fauna. Die einzigartige Naturoase ist ein Paradies für Wanderer und kann mit 80 km markierten Wanderwegen aufwarten. ... 81

6 Klosterkirche St. Johann Baptist, Müstair
| Kirche |
Mitte des 19. Jh. wieder entdeckt und seit 1983 UNESCO-Weltkulturerbe: Das Gotteshaus in Müstair birgt den größten erhaltenen Freskenzyklus des frühen Mittelalters. ... 82

ADAC Empfehlungen:

17 Rheinschlucht
| Schlucht |

Hohe weiße Steilwände, der junge Rhein und an Flora und Fauna reiche Auenwälder bilden die eindrucksvolle Kulisse für die Rheinschlucht, den »Swiss Grand Canyon«. 74

18 Bobbahn, St. Moritz
| Erlebnis |

Die olympische Natureisröhre ist bei Bob- oder Skeleton-Rennen regelmäßig im Zentrum des sportlichen Interesses. Zahlungskräftige Mutige dürfen den Höllenritt auf einem Bob auch selbst versuchen. 85

19 Schweizerhof, Flims Waldhaus
| Hotel |

Im erhabenen Stil eines altehrwürdigen Grand Hotels gehalten und dennoch technischer Vorreiter, beispielsweise bei den Lademöglichkeiten für E-Automobile. 87

22 Chur

Kleine Metropole mit sprödem Charme vor schneebedeckten Bergen

Information

■ Chur Tourismus, Bahnhofplatz 3, 7001 Chur, Tel. 012 52 18 18, www.churtourismus.ch

Die Reize von Chur (38 000 Einw.) offenbaren sich nicht auf den ersten Blick. Die »älteste Stadt der Schweiz« wurde lange vor den Römern besiedelt, die Latein zur hiesigen Amtssprache machten – aus ihm entwickelte sich das umgangssprachliche Rätoromanisch, das in Graubünden noch heute gesprochen wird. Erst 1803 wurde Graubünden durch napoleonisches Dekret ein Schweizer Kanton und Chur seine Hauptstadt. Heute begeistert Chur mit seinem historischen Zentrum – sehenswert ist etwa das spätgotische Rathaus von 1465 – und den reichen Freizeitangeboten in der sie umgebenden Berglandschaft.

Sehenswert

Bündner Kunstmuseum

| Museum |

Die Sammlung des Museums nimmt die Villa Planta (19. Jh.) und ein moderner Ergänzungsbau auf. Zu sehen sind hier u. a. Bilder der aus Chur stammenden Malerin Angelica Kauffmann (1741–1807) sowie der Werkgruppen Giovanni Segantinis und der Brüder Giacometti. Zwei Säle präsentieren Arbeiten des deutschen Expressionisten Ernst Ludwig Kirchner, der sich 1938 in Davos das Leben nahm.

■ Bahnhofstr. 35, www.buendner-kunstmuseum.ch, Di-So 10–17, Do bis 20 Uhr, 15 CHF, Kinder (bis 16 J.) frei

St. Martin

| Kirche |

Der spätgotische, dem hl. Martin geweihte Sakralbau geht im Wesentlichen auf das Jahr 1491 zurück. Das mit Relieffiguren verzierte Chorgestühl und die Glasfenster im Hauptschiff, die Augusto Giacometti 1919 gestaltete, lohnen eine Stippvisite.

Im Blickpunkt

Schluchtenzauber der Via Mala

Auf der A 13 in Richtung San Bernardino erreicht man knapp 30 km südlich von Chur das Naturmonument der Via Mala. Der Name stammt aus dem Rätoromanischen, bedeutet übersetzt »schlechter Weg« und verweist auf die einst schwierige Gangbarkeit dieses Abschnittes an der Handelsroute über die Alpen. Bereits zu Goethes Zeiten war die grandiose, vom Hinterrhein mehr als 500 m tief in den Schiefer gefräste Klamm eine Attraktion. Spätestens John Knittels Roman »Via Mala« (1934) machte die imposante Schlucht weltbekannt. Bei der Ortschaft Thusis führen gut 300 Betonstufen zum Rhein hinab. Unten angelangt, bietet sich ein spektakulärer Blick auf die schäumenden Strudeltöpfe und steil aufragenden Felswände.

www.viamala.ch

Rätisches Kunstmuseum

| **Museum** |

Ein barockes Patrizierhaus (17. Jh.) gibt der archäologischen, historischen und volkskundlichen Sammlung Graubündens den stilvollen Rahmen. Zur Fülle der interessanten Exponate zählen auch die 15–20 cm hohe Bronzestatuetten – Diana und Merkur – aus der römischen Epoche.

■ Hofstr. 1, Tel. 08 12 54 16 40, www.raetischesmuseum.gr.ch, Di–So 10–17 Uhr, 6 CHF, Kinder (bis 16 J.) frei

Bischöfliche Residenz

| **Architektur** |

Die repräsentative Gebäudegruppe der Bischöflichen Residenz befindet sich auf einer Anhöhe über der Altstadt. Im schlossähnlichen Hauptbau am Hofplatz konzentrierte sich über Jahrhunderte hinweg die kirchliche und weltliche Macht der Region. Entsprechend prunkvoll ließ Bischof Benedikt von Rost einen Vorgängerbau 1733 im österreichischen Barockstil veredeln. Stuckgirlanden zieren die beiden Rundbogenportale und die Fenster an der Westfassade.

St. Mariä Himmelfahrt

| **Kathedrale** |

Auf einer Felsterrasse gegenüber der Bischöflichen Residenz steht Churs 1272 geweihte Bischofskirche. Der räumlich begrenzte Bauplatz bedingte den achsenverschobenen Grundriss. Die schlichte Fassade der Kirche gibt sich kaum gegliedert, das Innere birgt jedoch Säulen mit kunstvoll gearbeiteten Kapitellen. Unter den sieben Altären ragt der 1492 von dem Ravensburger Jakob Ruß geschnitzte spätgotische Hochaltar heraus.

■ Hof 18, tgl. bis 19 Uhr

Dicht gedrängt säumen die denkmalgeschützten Häuser Churs Altstadtgassen

P Parken

Das **Parkhaus Stadtbaumgarten** befindet sich unmittelbar neben dem Bündner Kunstmuseum (1,50 CHF/Std., 18 CHF/Tag).

Einkaufen

Obere Gasse In der Einkaufsmeile von Chur laden alteingesessene Geschäfte und moderne Designerboutiquen zum Flanieren ein.

In der Umgebung

Pfarrkirche St. Martin, Zillis

| **Kirche** |

Im rund 40 km entfernten Zillis beherbergt die Pfarrkirche St. Martin eine in der abendländischen Kultur einzigartige polychrome Holzdecke, die um 1114 entstand. Die flache Decke setzt sich aus 153 annähernd quadratischen, mit

Im Blickpunkt

Heidiland

Eine Romanfigur, das herzensgutes Bauernmädchen Heidi, verhalf dem kleinen Ort Maienfeld, 20 km nördlich von Chur, buchstäblich zu Weltruhm. Denn hier siedelte die Kinderbuchautorin Johanna Spyri (1827–1901) ihre zweibändige Alpensaga an, die sie 1880/81 veröffentlichte. Die Geschichte um die aufgeweckte Heidi, die das Leben in der Großstadt nicht erträgt und unbedingt auf die Alm zurückkehren will, den treuen Geißenpeter, die gehbehinderte Klara und den kernigen Alm-Öhi wurde in 50 Sprachen übersetzt und rund 20 Mio. Mal verkauft – eine Erfolgsstory. Johanna Spyri hat als junge Frau hier mehrmals den Sommer verbracht. Vor allem japanische Gäste wandeln heute begeistert auf den vermeintlichen Spuren des Naturkindes.
www.heidiland.com

Bibelszenen bemalten Bildfeldern zusammen. Die vier Eckfelder stellen Engel als Personifikationen der vier Winde dar, die Randbilder entlang der Wand zeigen skurrile Fabelwesen. Der innere Bilderzyklus widmet sich dem Leben Christi. Die letzte Bildreihe beschäftigt sich mit dem Leben des hl. Martin. Übrigens: Damit man sich beim Betrachten der 8 m hohen Decke nicht den Hals verrenken muss, liegen neben dem Eingangsportal der Kirche Handspiegel bereit.

■ Zillis, www.zillis-st-martin.ch, Mai–Sept. tgl. 9–18, Okt.–April tgl. 9–17 Uhr

23 Surselva

Grandiose Naturwunder und kulturelle Vielfalt am Vorderrhein

i Information

■ Surselva Tourismus Info Ilanz, Bahnhofstr. 25, 7130 Ilanz, Tel. 08 19 20 11 05, www.surselva.info und Gästeinformation Flims, Via Nova 62, 7017 Flims-Dorf, Tel. 08 19 27 77 20, www.flimslaax.com

Im Norden Graubündens erstreckt sich vom Oberalppass bis Trin das 80 km lange, landschaftlich vor allem durch Wald und Weideland geprägte Tal der Surselva. In der landschaftlich reizvollen Region wird größtenteils rätoromanisch gesprochen.

Sehenswert

Rheinschlucht

| Schlucht |

17 *Die »Ruinaulta« bildet das spektakuläre Tor zur Surselva*

Vor etwa 15 000 Jahren sperrte eine ungeheure tektonische Verschiebung,

ADAC *Mobil*

Neben dem sonntäglichen »**Erlebniszug Rheinschlucht**« (www.rhb.ch, Anf. Juni–Ende Okt.), der ab Landquart nach Ilanz verkehrt, bietet die **Rhätische Bahn** an allen Tagen ein Rheinschlucht Ticket an. Mit ihm kann man beliebig oft fast alle Verkehrsmittel durch den »Swiss Grand Canyon« zum Pauschalpreis nutzen.
Fahrplan unter www.rheinschlucht.ch, Tagestickets online unter www.rhb.ch, ab Flims 24 CHF, Kinder (6–16 J.) 12 CHF

der sogenannte Flimser Bergsturz, den Vorderrhein ab, der sich in der Folge auf 14 km Länge seinen Weg durch bis zu 350 m hohe weiße Steilwände graben musste, den »Swiss Grand Canyon«. Pkws ist mangels einer Straße der Weg durch den Canyon verwehrt, doch Fahrgäste der Rhätischen Bahn genießen eine optimale Sicht auf den Felsabsturz, denn die Bahntrasse folgt dem gewundenen Flusslauf. Über insgesamt zehn markierte Wanderwege kann man die Schlucht auch zu Fuß erwandern (Dauer 2–9 Std.).

Ilanz

| Ortsbild |

Vor dem Aufkommen des Tourismus war Ilanz (2500 Einw.) an der Mündung des Valsertals in die Surselva der Hauptort am Vorderrhein. Das Städtchen wurde 1289 erstmals erwähnt, seine Wurzeln dürften jedoch bis ins 8. Jh. zurückreichen. Von der mittelalterlichen Befestigung sind noch Reste der Ringmauer und zwei Stadttore erhalten. Das Obertor wird von einem barocken Aufbau mit Walmdach bekrönt. Über dem Torbogen prangt das Stadtwappen – eine goldene Krone, durch die der Rhein fließt.

St. Remigius, Falera

| Kirche |

Die steinalte Kirche St. Remigius (rätoromanisch: Baselgia veglia) ist das Wahrzeichen des Dorfes Falera und der kulturhistorisch interessanteste Bau im Vorderrheintal. Der romanische Turm der Kirche besitzt 1,80 m dicke Mauern und stammt aus dem 13. Jh. Die überraschend prächtigen Wandmalereien im Inneren des Gotteshauses stammen aus dem 14.–17. Jh. Herausragend ist die Darstellung des Letzten Abendmahls, das die ganze Breite der Nordwand einnimmt.

■ www.pleiv-laax-falera.ch

Benediktinerabtei St. Martin, Disentis

| Kloster |

Die Kleinstadt Disentis (2100 Einw., rätoroman. Mustér) ist der kulturgeschichtliche Fixpunkt der Surselva. Am Zusammenfluss der beiden Quellflüsse des Rheins gründeten die Churer Bischöfe im 8. Jh. die Benediktinerabtei St. Martin, deren Einflussbereich sich auf das gesamte Bündner Oberland erstreckte. Noch heute gehört ihre barocke Stiftskirche von 1712 mit den beiden Zwiebeltürmen zu den schönsten Sakralbauten Graubündens.

Restaurants

€ | **Bistro Kaufmannfrauen** Günstiges Mittagsmenü samt Salat und Getränk zu einem Pauschalpreis. Auch Frühstück, Snacks und Take Away. ■ Il Stuz 1, Flims, Tel. 08 19 11 26 32, www.kaufmannfrauen.ch, tgl. 8–18 Uhr

Sport

Alpenarena Hoch über der Rheinschlucht liegt der Wintersportort Flims. Dieser und seine Nachbarorte Laax und Falera verfügen mit der 140 km² großen Alpenarena über eines der bedeutendsten Skigebiete der Alpen. ■ www.flimslaax.com/ski-snowboard

Laaxer Bike-Park Auf Radsportler warten zwei Abfahrtsstrecken, eine BMX-Bahn sowie eine Cross-Strecke. ■ www.flimslaax.com/biken

Wandern

Die zentrale Lage im Tal macht Ilanz zu einem guten Ausgangspunkt für Wanderer. Für sie sind die alten **Passwege ins Glarnerland** sehr reizvoll. So erlaubt der heute gut ausgebaute Übergang von Pigniu im Bündner Vorrheintal nach Elm im Glarner Sernftal exzellente Ausblicke auf den markanten Hausstock (3158 m). Bei Bergwanderern ebenfalls hoch im Kurs steht die anspruchsvolle Zwei-Tages-Wanderung vom bündnerischen Breil über den **Kistenpass** (2640 m) nach Linthal.

In der Umgebung

Val Lumnezia (dt. Lugnez)

| Tal |

Vor der prächtigen Silhouette des Piz Terri (3159 m) machen malerische Dörfer wie Vella und Vrin den besonderen Reiz des größten Seitentals der Surselva aus. Im Talschluss können Bergwanderer von Vrin über Puzzatsch und den Pass Diesrut (2428 m) zur Plaun la Greina aufsteigen. Die einmalig schöne Hochebene ist wegen ihrer speziellen Flora als Naturpark geschützt.

■ www.surselva.info

24 Arosa

Ferienidyll im ruhigen und beschaulichen Hochtal Schanfigg

Information

■ Sport- und Kongresszentrum, Poststr. 27, 7050 Arosa, Tel. 08 13 78 70 20, http://arosalenzerheide.swiss

Östlich von Chur windet sich ein Sträßchen am Wildbach Plessur entlang durch das 30 km lange, malerische Hochtal Schanfigg. Am Ende der Straße liegt der überschaubare, 3200 Einwohner zählende Ferienort Arosa, der bereits Ende des 19. Jh. als Luftkurort bekannt war, der damals wie heute die Feriengäste mit frischer Bergluft und angenehmen Temperaturen lockt.

Sehenswert

Heimatmuseum und Kulturarchiv Schanfigg

| Museum |

Die im Eggahus untergebrachte Sammlung vermittelt einen Einblick in die Kultur des ab dem 14. Jh. von Walsern besiedelten Schanfiggtals. Ein Thema der Ausstellung ist auch die Bedeutung Arosas für die beiden Nobelpreisträger Thomas Mann (Literatur) und Erwin Schrödinger (Physik).

■ www.arosa-museum.ch, Mitte Juni–Mitte Okt. Mo, Mi, Fr 14.30–16.30, Mitte Dez.–Mitte April Di, Fr 14.30–16.30 Uhr, 3 CHF

Sport

Wintersport Für Wintersportler ist die Infrastruktur in und um Arosa mit Skipisten, Langlaufloipen und einer Half-

Am bewaldeten Ufer des Obersees in Arosa reihen sich Ferienhäuser im Chaletstil

pipe für Snowboarder sehr gut ausgebaut. Dazu gibt es eine Eissporthalle und eine Rodelbahn.

Wandern

Eine einfache Kurztour ist der durch einen Tannenwald verlaufende, rund 1,5-stündige **Eichhörnchenweg** von Arosa zum Bergdorf Maran.

25 Davos

Weltoffene Kleinstadt, Dorado der Skifahrer und Schauplatz der Weltliteratur

Information

■ Info-Büro Davos, Talstr. 41, Davos Platz, 7270 Davos, Tel. 081/415 21 21, www.davos.ch

Landschaft Davos nennt sich offiziell die mit 254 km² flächenmäßig größte Gemeinde Graubündens, die aus sechs Gemeinden – Davos Dorf, Davos Platz, Davos Frauenkirch, Davos Glaris, Davos Monstein und Davos Wiese – besteht. Über 4 km zieht sich Davos beiderseits der Bahnlinie am Flüsschen Landwasser entlang und widersetzt sich alpinen Klischees. Davos ist eine weltoffene Kleinstadt mit mehr als 11 000 Einwohnern, die ihren urbanen Charakter nicht verhehlen kann und will. Außerdem ist die höchstgelegene Stadt Europas (1560 m) mit rund 24 000 Gästebetten gleichzeitig der größte Ferienort der Schweiz.

Der Aufstieg vom Bauerndorf zu einem weltweit bekannten Kurort setzte um 1860 ein, als der Mannheimer Arzt Alexander Spengler (1827–1901) das trockene Reizklima von Davos für die Behandlung von Lungenkrankheiten entdeckte. Binnen weniger Jahre entstand ein mondäner Kurort mit großen Sanatorien für Tuberkulosepatien-

Sommers wie winters zieht das Ferienparadies Davos Gäste aus der ganzen Welt an

ten, die zum Kurieren ihres Leidens aus aller Welt anreisten. Thomas Manns Roman »Zauberberg« (1924) verhalf dem Ort in den 1920er-Jahren endgültig zu Weltruhm. Als Hauptstraße zieht sich die Promenade durch die beiden Ortsteile Davos Platz und Davos Dorf. Die großen Hotels und Appartementhäuser konzentrieren sich rund um den Bahnhof Davos Platz.

Sehenswert

Wintersportmuseum

| **Museum** |

Die Geschichte des Wintersports in und um Davos beleuchtet dieses Museum, untergebracht im alten Postamt am Postplatz. Die ausgestellten altertümlichen Schlittenmodelle, Skier und Schlittschuhe muten ebenso zeitvergessen und kurios an wie die Sportkleidung von anno dazumal.

■ Promenade 43, www.wintersportmuseum.ch, Di und Do 16.30–18.30 Uhr, Eintritt frei

Kirchner Museum

| **Museum** |

Den deutschen Expressionisten Ernst Ludwig Kirchner (1880–1938) zog es 1917 aus gesundheitlichen Gründen nach Davos. Die Sammlung bietet in dem gläsernen Museumsbau von 1992 einen umfassenden Überblick über sein künstlerisches Schaffen – von der Brücke-Periode bis zum Spätwerk.

■ Promenade 82, www.kirchnermuseum.ch, Di–So 10–18 Uhr, in der Nebensaison kürzer, 12 CHF, Kinder 5 CHF

ADAC *Mittendrin*

Wer auf den **Spuren von Thomas Mann** wandeln möchte, macht am Kurpark einen Spaziergang entlang der Buolstraße bis zum ehemaligen Waldsanatorium des Geheimrats Dr. Jessen (heute Waldhotel Davos), das Thomas Mann, Literaturnobelpreisträger von 1929, als Vorlage für den Berghof im »Zauberberg« diente.

Restaurants

€€ | **Alpenhof** Das Restaurant im gleichnamigen Hotel pflegt die mediterrane und die Bündner Küche. Von der Terrasse hat man einen Blick zum Tinzenhorn. ■ Hofstr. 3, Tel. 08 14 15 20 60, www.alpenhof-davos.ch, tgl. geöffnet

€€ | **Pot-au-Feu** Schweizer Küche mit französischem Pfiff, dazu erlesene Weine. ■ Mattastr. 4, Tel. 08 14 13 50 68, www.potaufeudavos.ch, nur im Winter geöffnet

Kinder

Schatzalp Die 500 m lange Sommerrodelbahn steht bei Kids ganz hoch im Kurs. Sie dürfen ab 8 Jahren alleine fahren, ab 3 Jahren in Begleitung der Eltern. ■ Davos Platz, www.schatzalp.ch/en/sommerrodelbahn, Ende Mai–Ende Okt. tgl. 10–17 Uhr, 1 Fahrt 4 CHF

Sport

Wintersport Für Wintersportler zählt Davos zu den besten Adressen der Welt. Fast 60 Seil-, Gondel- und Skilifte erschließen 320 km schneesichere, gut präparierte Skipisten. Das Jakobshorn ist eine der Schweizer Top-Adressen für Snowboarder. Für Ski-Langläufer werden 75 km Loipen gespurt, in Klosters weitere 35 km und damit insgesamt 110 km. Außerdem kann Davos mit Europas größter Natureisbahn und einer Kunsteisbahn aufwarten.

In der Umgebung

Klosters

| Ort |

Über den Wolfgangpass erreicht man nordwestlich von Davos den Prättigau. Der Hauptort in dem von der Landquart durchflossenen Tal ist Klosters (4500 Einw.), ein Kurort in 1205 m Höhe mit gediegenen, meist in alpinem Chaletstil gehaltenen Häusern. Vom im Mittelalter ansässigen Prämonstratenser-Kloster blieben nur der Ortsname und der romanische Kirchturm erhalten. Vom Bahnhof führt eine Seilbahn auf den Gotschnagrat (2285 m). Beim Blick vom Gipfel liegt dem Betrachter der ganze Prättigau zu Füßen.

ADAC *Mobil*

Der ca. 19 km lange **Vereina-Bahntunnel**, der Davos mit Susch im Unterengadin verbindet, ist eine wintersichere und schnelle Alternative zum Flüelapass (2383 m). Die **Autozüge der Rhätischen Bahn** pendeln zwischen Klosters Selfranga im Prättigau und Sagliains im Unterengadin zur Hauptverkehrszeit alle 30 Minuten durch den eingleisigen Tunnel, die Fahrt dauert 17–19 Min. *www.rhb.ch/de/autoverlad-vereina, Pkw pro Strecke Sommer 34 CHF, Winter 39–44 CHF*

26 Scuol

Das sonnenverwöhnte Bäderzentrum ist der Hauptort im Unterengadin

Information

■ Tourismus Engadin Scuol Samnaun Val Müstair AG, Stradun 403a, 7550 Scuol, Tel. 08 18 61 88 00, www.engadin.com

Scuol (5000 Einw.) ist der touristische Hauptort der Region Unterengadin. Der Ort liegt in einer der sonnigsten

In exponierter Lage hoch über dem Inn thront die Kirche von Scuol

Alpengegenden auf ca. 1200 m. In Scuols Ober- und Unterdorf säumen stattliche regionaltypische Engadinerhäuser die malerischen Gassen und Plätze. Viele Fassaden sind mit Sgraffiti, Erkern, schmiedeeisernen Balkonen und Wappen geschmückt. Aus etlichen Dorfbrunnen strömt das lokale Mineralwasser, das Leber- und Gallenleiden lindern soll. Insgesamt sprudeln hier mehr als 20 Mineralquellen aus dem Fels, die Scuol ab der Mitte des 19. Jh. zu einem Zentrum des Bädertourismus machten.

Sehenswert

Museum d'Engiadina Bassa

| Museum |

Das geschichtsträchtige Haus Chà Gronda entstand 1622. 1703 wurde es um einen markanten dreistöckigen Laubengang erweitert. Die Räume des Patrizierhauses nehmen das Museum d'Engiadina Bassa und dessen volkskundliche Sammlung auf. Die Exponate spiegeln die traditionelle bäuerliche Selbstversorgerkultur im Tal wider.

■ www.museumscuol.ch, Mitte Juni–Mitte Okt. Di–Fr 16–18, So 15–17 Uhr, 7 CHF, Kinder (7–16 J.) 3 CHF

Restaurants

€€ | **Traube** In der gemütlichen Arven-(Zirbelkiefern-)stube werden Fisch- und Wildgerichte aufgetischt. ■ Via da l'Ospidal 199, Tel. 08 18 61 07 00, www.traube.ch, Do–So 12–14, tgl. 18–21.30 Uhr

Entspannung

Bogn Engiadina Die Therme bietet sechs Innen- und Außenbäder mit Massagedüsen, Sprudel, Wasserfällen und Strömungskanal, Solebecken, Dampf- und Heißsprudelbad sowie drei Saunen. ■ Via dals Bogns 323, www.bognengiadina.ch, tgl. 8–21.45 Uhr, Tageskarte 41 CHF, Kinder (bis 10 J.) 17 CHF

Sport

Wintersport Das Wintersportgebiet Motta Naluns ist mit zwei Gondelbahnen und einem Sessellift erschlossen. 80 km Pisten samt einer 10 km langen Traumabfahrt, einige Tiefschneegebiete und ein Snowboardpark bieten Abwechslung. ■ www.bergfex.ch/scuol

In der Umgebung

Ardez

| Ortsbild |

Der ca. 9 km westlich von Scuol gelegene Nachbarort Ardez ist ein wahres

Vorzeigedorf. Er zählt mit seinen schmucken Engadinerhäusern aus dem 16. und 17. Jh., etwa dem über und über bemalten Adam-und-Eva-Haus, auch Chasa Claglüna genannt, zu den schönsten Dörfern des Engadin.

Guarda

| Ortsbild |

Die auf 1653 m Höhe über dem Inn gelegene Ortschaft wurde von den Österreichern im 17. Jh. völlig zerstört, doch anschließend wieder aufgebaut. Seitdem hat sich im Ortsbild kaum etwas verändert: Die typischen Häuser sind mit in den Mörtel geritzten Sgraffiti, formschönen Erkern oder Reliefwappenschildern geschmückt. Guarda wurde mehrfach mit Preisen ausgezeichnet und gehört zu den »Ortsbildern von nationaler Bedeutung« der Schweiz.

Schweizerischer Nationalpark

| Nationalpark |

5 *Einzigartige Naturoase und Wanderparadies*

Der 1914 gegründete und nach Erweiterungen jetzt 170,3 km² umfassende Schweizerische Nationalpark dient als geschütztes Rückzugsgebiet für Flora und Fauna. Den bequemsten Zugang zum Nationalpark hat man von der Ofenpass-Straße, an der zehn Parkplätze für Wanderer eingerichtet sind. Insgesamt durchziehen 80 km markierte Wanderwege den Park. Eine erlebnisreiche Route führt von Prasüras (1690 m) bei Schanf durch das Val Trupchun zur Alp Trupchun (2090 m). Das malerische Seitental des Inns rühmt sich, eine der wildreichsten Regionen Europas zu sein. Vor allem im September, zur Brunftzeit der Rothirsche, kann es auf der Wanderung

Naturidyll: Der Schweizerische Nationalpark schützt Tier- und Pflanzenwelt

zu spektakulären Wildbegegnungen kommen. Außerdem siedelte die Parkverwaltung erfolgreich den fast ausgestorbenen Steinbock wieder an.

■ Nationalparkzentrum: Zernez, www.nationalpark.ch, im Sommer tgl. 8.30–18 Uhr, Herbst und Frühjahr Sa und So geschl., Winter So geschl., 7 CHF, Kinder (6–16 J.) 3 CHF

27 Kloster St. Johann in Müstair

Das Benediktinerinnenkloster ist ein kunsthistorischer Schatz von Weltrang

Information

■ Via Maistra 18, 7537 Müstair, www.muestair.ch, Mai–Okt. Mo–Sa 9–17, So und feiertags ab 13.30, Nov.–April Mo–Sa 10–12 und 13.30–16.30 Uhr, So und feiertags ab 13.30 Uhr, Klostermuseum: 12 CHF, Kinder (6–16 J.) 6 CHF

Das Val Müstair (dt. Münstertal) liegt mitten in den Alpen und gehört geografisch bereits zum Südtiroler Vinschgau. Sein Name leitet sich wie der des auf 1248 m Höhe gelegenen Ortes Müstair von »monasterium« ab, was im Lateinischen und dem daraus entstandenen Rätoromanischen »Kloster« bedeutet. Die Bezeichnung bezieht sich auf das Kloster St. Johann, das Benediktinermönche um 775 auf Initiative Karls des Großen in dem einsamen Alpental gründeten. Seit 1163 leben und arbeiten hier Benediktinerinnen.
Der baulich verschachtelte Klosterbezirk umfasst im Wesentlichen die karolingische Stiftskirche, die romanische Heiligkreuzkapelle aus dem 11. Jh., den mit Zinnen bewehrten wuchtigen Plantaturm (Wohnturm) mit dem kleinen Klostermuseum sowie Wohn- und Wirtschaftsgebäude, die drei Höfe umgeben. Durch den um 1500 errichteten südlichen Torturm gelangt man in den trapezförmigen Wirtschaftshof, an dessen Westseite die ehemalige Bischofsresidenz steht, die sich Bischof Norbert von Chur im 11. Jh. errichten ließ.

Sehenswert

Klosterkirche St. Johann Baptist

| Kirche |

6 *Größter erhaltener Freskenzyklus des frühen Mittelalters*

Die Klosterkirche St. Johann Baptist (rätoroman. Son Jon Battista) besitzt noch Bausubstanz aus der Gründungszeit der Anlage. Sie wurde aber 1489–92 unter der Äbtissin Angelina von Planta zu einer dreischiffigen gotischen Hallenkirche ausgebaut. Dabei übertünchte man kurzerhand die karolingischen Wandmalereien aus der Zeit um 800, die man erst Mitte des 19. Jh. unter dem Verputz wieder entdeckte. Seitdem wird der großartige Freskenzyklus sorgfältig freigelegt und restauriert. Er gilt als weltweit größter erhaltener Freskenzyklus des frühen Mittelalters. Die karolingischen Malereien füllen alle Wände des Langhauses: Süd- und Nordwand sind mit Szenen aus dem Leben und der Passion Christi geschmückt, die Darstellung des Jüngsten Gerichts an der Westwand gilt als älteste Darstellung dieses Themas überhaupt. Zentraler Blickfang ist das in leuchtenden Farben erhaltene spätromanische Bildprogramm vom Ende des 12. Jh. in den Apsiden der Ostwand mit der Enthauptung des Johannes und dem Tanz Salomes beim Gastmahl des Herodes im Zentrum.

28 Pontresina

Wanderer- und Bergsteigerzentrum am Fuß des Berninamassivs

Information

■ Pontresina Tourist Information, Via Maistra 133, 7504 Pontresina, Tel. 08 18 38 83 00, www.pontresina.ch

Der Luftkurort Pontresina (2250 Einw.) liegt windgeschützt im Val Bernina, einem sonnigen Seitental des Oberengadins, auf 1805 m Höhe. Große Hotels aus der Belle Époque und altehrwürdige Engadiner Wohnhäuser, manche von flächigen Sgrafitti-Kratzgemälden geziert, prägen das Ortsbild. Im Zentrum birgt die romanische Pfarrkirche St. Martin aus dem 12. Jh. sehenswerte Wandmalereien. Nahe der Kirche steht der Spaniola-Turm, ein fünfeckiger romanischer Wohnturm aus dem 12. Jh. Zinnen krönen seine Spitze, ein kleiner Aborterker ziert das Mauerwerk.

Sehenswert

Museum Alpin

| Museum |

In einem altehrwürdigen Engadinerhaus (18. Jh.) informiert das Museum Alpin zur regionalen Geschichte von Alpinismus und Wintersport.

■ Via Maistra 199, www.museums.ch/org/de/Museum-Alpin, Mitte Dez.–Mitte April und Juni–Mitte Okt. Mo–Sa 15.30–18 Uhr, 8 CHF, Kinder (6–16 J.) 2 CHF

Verkehrsmittel

Pontresinas Bahnhof ist Knotenpunkt der **Albula**- und der **Berninalinie** der **Rhätischen Bahn.** ■ www.rhb.ch

Wandern

Bovalhütte Mit der Bahn kann man von Pontresina etwa 2 km bergauf bis zur Station Morteratsch fahren. Hier beginnt eine sehr reizvolle zweistündige Bergtour zur Bovalhütte (2495 m)

Ora et labora! Daran halten sich die Benediktinerinnen im Kloster in Müstair bis heute

am Fuß des Berninamassivs. Die Hütte, von deren Terrasse aus sich ein grandioses Panorama auf die schneebedeckten Bergriesen der Bernina bietet, dient außerdem als Basislager für die Besteigung des Piz Palü (3905 m) und des Piz Bernina (4049 m), dem einzigen Viertausender im Engadin.

Sport

Bergsteigerschule Pontresina Im Angebot befinden sich Tageswanderungen von der Diavolezza zum Morteratsch-Gletscher. ■ Via Maistra 163, www.bergsteiger-pontresina.ch, 70 CHF (Kinder in Begleitung ihrer Eltern nur ab einem Alter von 8 J.)

In der Umgebung

Val di Poschiavo
| Tal |
Ein schöner Abstecher führt von Pontresina über den Berninapass (2328 m) in das weit ins italienische Staatsgebiet hinein reichende Val di Poschiavo (dt. Puschlav). An seinen terrassierten Talflanken wird Wein und etwas Tabak angebaut, und je näher man dem Grenzort Campocologno kommt, desto öfter sieht man Zypressen, Kamelien und Palmen in den Vorgärten. Im Hauptort Poschiavo gruppieren sich herrschaftliche Palazzi, der alte Rathausturm und die mit Fresken ausgemalte spätgotische Kirche San Vittore Mauro um die Piazza. Reizvoll ist ein Spaziergang durch das Spaniolenviertel mit seinen stattlichen Bürgerhäusern südlich des Dorfplatzes.

ADAC *Wussten Sie schon?*

Unter dem Titel »**Rhätische Bahn in der Landschaft Albula/Bernina**« schützt die UNESCO die mehr als 100 Jahre alte und gut 122 km lange, meterspurige Strecke zwischen Thusis im Kanton Graubünden und dem lombardischen Tirano als Weltkulturerbe. Die RhB zählt auf diesem Streckenabschnitt zu den spektakulärsten Schmalspurbahnen der Welt.

29 St. Moritz

Weltberühmtes Bergdorf und exklusiver Kurort der internationalen Hautevolee

Information

■ St. Moritz Tourist Information, Via Maistra 12, 7500 St. Moritz, Tel. 08 18 37 33 33, www.stmoritz.ch

St. Moritz (5000 Einw.) ist der größte Ort des Oberengadin. Man gibt sich kosmopolitisch und elegant, ist jedoch als Treff der Reichen und Schönen vor allem teuer. Seinen kometenhaften Aufstieg in Sachen Tourismus verdankt der Ort den Olympischen Winterspielen, die St. Moritz in den Jahren 1928 und 1948 ausrichtete. Das Ortsbild mag enttäuschen, da es hier kaum die heimeligen regionaltypischen Engadinerhäuser gibt. Stattdessen wirken die vornehmlich in den 1950er- und 1960er-Jahren hochgezogenen Hotelburgen trotz Faceliftings wenig attraktiv. Kulturgeschichtlich ist der Schiefe Turm im alten Friedhof von St. Moritz-Dorf interessant. Der Glockenturm der ehemaligen Mauritius-Kirche geriet im 19. Jh. aus dem Lot. Seit 1893 das dazugehörige baufällige Kirchenschiff abgebrochen wurde, steht er alleine da.

Sehenswert

Segantini-Museum

| **Museum** |

Das Haus ist dem italienischen Maler Giovanni Segantini (1858–1899) gewidmet, der Hochgebirgslandschaft und Licht seiner Engadiner Wahlheimat meisterhaft auf die Leinwand bannte. Sein Hauptwerk »Werden – Sein – Vergehen« ist im zentralen Kuppelsaal des Museums zu sehen.

■ Via Somplaz 30, www.segantini-museum.ch, Mitte Mai–Mitte Okt. und Mitte Dez.–Mitte April Di–So 10–12 und 14–18 Uhr, 10 CHF, Kinder (6–16 J.) 3 CHF

Engadiner Museum

| **Museum** |

In der Sammlung des Museums steht die Engadiner Wohnkultur des 16.–19. Jh. im Mittelpunkt. Trachten, Kunsthandwerk und allerlei Hausrat prägen die in einem typischen Engadinerhaus untergebrachte Sammlung. Das Gebäude zeichnet sich durch farbige Sgraffiti an der Fassade aus.

■ Via dal Bagn 39, www.museum-engiadinais.ch, Sommer Mi–Mo 10–18, Winter ab 14 Uhr, 13 CHF, Kinder (bis 16 J.) frei

Restaurants

€€ | **Veltinerkeller** Grillspezialitäten, Fisch und hausgemachte Pasta. Das beliebte Restaurant ist häufig ausgebucht und eng bestuhlt. ■ Via dal Bagn 11, Tel. 08 18 33 40 09, www.veltlinerkeller-stmoritz.ch, tgl. geöffnet.

€€€ | **Talvo** Das renommierte Feinschmeckerlokal wird von den Tessiner Sterne-KöchInnen Lorena und Martin Dalsass perfekt geführt. ■ Via Gunels 15, Ortsteil Champfèr, Tel. 08 18 33 44 55, www.talvo.ch, Mo geschl.

Dem Künstler Segantini zu Ehren eröffnete die Gemeinde St. Moritz ein Museum

Einkaufen

Konditorei Zisler Der Laden ist für seine vorzüglichen Engadiner Nusstorten und Birnenbrote bekannt. Ein Kebap-Angebot kam unlängst hinzu.

■ Via Retica 28, Samedan (7 km nördl. von St. Moritz), www.nusstorten.ch, Mo–Fr 11–13 und 17–21.30, So 17–21.30 Uhr

Erlebnisse

18 **Bobbahn** Die olympische Natureisröhre rückt bei Bob- oder Skeleton-Rennen regelmäßig ins Zentrum des sportlichen Interesses. Zahlungskräftige Mutige dürfen den Höllenritt auf einem Bob auch selbst versuchen und erleben 75 rasante Sekunden auf der 1722 m langen Bahn.

■ Piazza Gunter Sachs, Via Maitra 54, www.olympia-bobrun.ch, nach Weihnachten–Anf. März, 269 CHF

Events

St. Moriz Festival de Jazz Mit ebenso international wie hochkarätig besetztem Line Up wartet alljährlich das Jazzfestival in St. Moritz auf. Spielstätten sind u.a. Sunny Bar, Dracula Club und Hauser's Terrasse. ■ www.festivaldajazz.ch, Anf. Juli–Anf. Aug.

Sport

Swiss Kitesurf Der Silvaplanersee wenige Kilometer südlich von St. Moritz ist ein Eldorado internationaler Kite-Surfer. ■ Silvaplana, www.kitesailing.ch, Ende Mai–Anf. Okt.

Windsurfing Silvaplana Hier können Kanu, Windsurfen und Stand Up Paddling trainiert warden. ■ Stradun Chantunel 4, Silvaplana, www.windsurfing-silvaplana.ch, Ende Mai–Anf. Okt.

In der Umgebung

Samedan

| Ort |

Trotz des kleinen Flugplatzes und des in der Saison immer ausgebuchten 18-Loch-Golfplatzes konnte St. Moritz' Nachbarort Samedan seinen dörflichen Charakter bewahren. Am sehenswerten Dorfplatz steht die Chesa Planta von 1593, eines der stattlichsten Patrizierhäuser im Engadin.

Sils-Maria

| Ort |

Zwischen Silvaplaner See und dem benachbarten Silser See liegt malerisch eingebettet der Luftkurort Sils-Maria, der im Laufe seiner mehr als 100-jährigen Geschichte auf Literaten und Künstler anziehend wirkte. »Hier im Engadin ist mir bei weitem am wohlsten auf Erden« schrieb etwa Friedrich Nietzsche, der während der Sommer 1881–88 in Sils-Maria an »Zarathustra« und dem »Antichrist« arbeitete. Im Nietzsche-Haus erinnern persönliche Gegenstände, Fotos und Bücher an die Silser Zeit des großen deutschen Philosophen.

■ Nietzsche-Haus: www.nietzschehaus.ch, Mitte Juni–Mitte Okt. und Mitte Dez.–Mitte April Di–So 15–18 Uhr, 8 CHF, Kinder (ab 12 J.) 4 CHF

30 Bergell

Das Tal im Süden Graubündens liegt abseits großer Touristenströme

Das Bergell (ital. Val Bregaglia) fällt vom Malojapass (1815 m) im Oberengadin steil nach Südosten zur italienischen Grenze ab. Reste einer Römerstraße bezeugen, dass der Pass vom Engadin zum Comer See schon in der Antike genutzt wurde. Eine wahre Perle ist das malerisch im Tal gelegene kleine Dorf Soglio – »Schwelle zum Paradies« nannte es der Maler Giovanni Segantini (S. 85) liebevoll. Eng drängen sich die schlichten Häuser aneinander, mit Mauern aus Bruchsteinen und schiefergedeckten Dächern. Das archaische Dorf überragt der Campanile der reformierten Kirche. Das Adelsgeschlecht der Salis hinterließ Soglio einige Palazzi, die nach wie vor in Privatbesitz und nicht zu besichtigen sind.

Restaurants

€€ | **Stüa Granda** Polenta, Gnocchi, Carpaccio und frischer Kastanienkuchen oder Parfait mit spektakulärer Aussicht. ■ Tel. 08 18 34 03 33, www.stuagranda.ch, Sommer tgl. geöffnet

Übernachten

Im dreisprachigen Graubünden konzentrieren sich die Hotels entlang der Täler. Sie sind die beste Basis, um die alpine Bergwelt – 937 Gipfel, 615 Seen, 14 Gletscher – zu erkunden. Städtisches Flair besitzen Davos und St. Moritz. Hochsaison ist hier die Zeit zwischen Weihnachten und dem Dreikönigstag.

Chur 72

€€ | **Romantik Hotel Stern** Historisches Hotel mit 360-jähriger Tradition im Zentrum von Chur. Restaurant, Dachterrasse, Gratis-WLAN, Parkplätze inbegriffen. ■ Reichsgasse 11, 7000 Chur, Tel. 08 12 58 57 57, www.stern-chur.ch.

Surselva 74

€€ | **Fidazerhof** Hotel in sonniger Lage mit herrlicher Aussicht auf die Surselva. Restaurant und Ayurveda-Therapien. WLAN gratis. Parkplätze inbegriffen. ■ Via da Fidaz 34, 7019 Fidaz, Tel. 08 19 20 90 10, www.fidazerhof.ch

19 €€ | **Schweizerhof Flims** Renommiertes Traditionshaus seit 1903, das Vier-Sterne-Romantik in einem Belle-Époque-Ambiente bietet. Albert Einstein und Marie Curie waren einst Gäste. Herrlicher Blick auf die Flimser Bergwelt. Wellness-Bereich mit Hallenbad, Sauna und Dampfbad. ■ Rudi Dadens 1, 7018 Flims Waldhaus, Tel. 08 19 28 10 10, www.schweizerhof-flims.ch

Arosa 76

€€€ | **Waldhotel National** Hier begann Thomas Mann, im damaligen Lungensanatorium, seinen Roman »Der Zauberberg«. Auf Gäste warten 24 mit Bündner Arvenholz, Eichenholz und Schiefer ausgestattete Zimmer und Suiten mit Blick auf Arosa. Wellness- und Beauty-Bereich. ■ Prätschlistr. 38, 7050 Arosa, Tel. 08 13 78 55 55, www.waldhotel.ch

Davos 77

€ | **Edelweiss** Einfaches Familienhotel in ruhiger Lage. ■ Rossweidstr. 9, 7270 Davos, Tel. 08 14 16 10 33, www.edelweiss-davos.ch

Pontresina 83

€€ | **Chesa Mulin** Modernes Hotel Garni in zentraler und doch ruhiger Lage. ■ Via da Mulin 15, 7504 Pontresina, Tel. 08 18 38 82 00, www.chesa-mulin.ch

€€ | **Steinbock** Familiengeführtes Traditionshaus mitten im Ort. Heimelig und charmant, mit Panoramablick in die Berge. ■ Via Maistra 219, 7504 Pontresina, Tel. 08 18 39 36 26, www.hotelsteinbock.ch

St. Moritz 84

€€ | **Waldhaus am See** Weithin sichtbares Haus am St. Moritzer See. Doppelzimmer und Familienzimmer. Kostenloses WLAN. ■ Via Dimlej 6, 7500 St. Moritz, Tel. 08 18 36 60 00, www.waldhaus-am-see.ch

Tessin

Das Tessin, die Sonnenstube der Schweiz, reicht bis weit in den Süden und präsentiert den Besuchern die mediterrane Seele des Landes

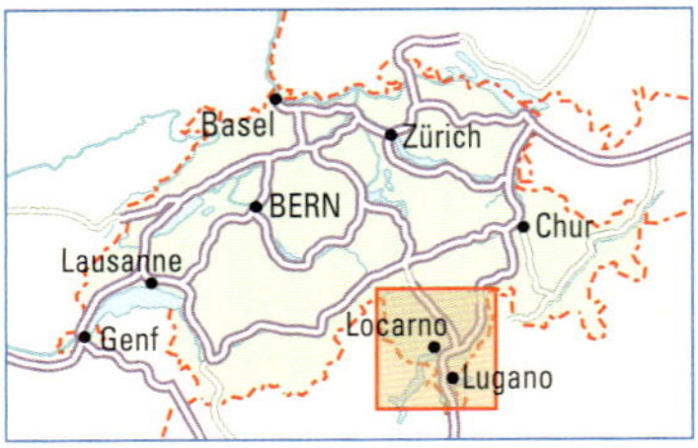

Nach Norden vom Alpenhauptkamm gegen Wind und Wetter geschützt, ragt der südlichste Kanton der Eidgenossenschaft tief bis in die italienische Lombardei hinein. Vor den schneebedeckten Berggipfeln bilden die palmenbestandenen Ufer des Lago Maggiore und des Luganer Sees die grandiose Kulisse zu einer der schönsten mitteleuropäischen Kulturlandschaften. Hier mischen sich Schweizer Korrektheit und Präzision mit italienischem Flair – und mit beinahe mediterran-mildem Klima. Gäste aus aller Welt flanieren entlang der Seepromenaden von Ascona, Locarno oder Lugano. Erstere geben sich als Kurorte so mondän, wie sie nur können. Lugano hingegen präsentiert sich als geschäftiger Finanzplatz ebenso wie als charmante Hafenstadt mit lebendigem Kulturbetrieb.

Auf den umtriebigen Uferstreifen folgt das gebirgige Hinterland – mit weit ins Bergland hineinreichenden Tälern wie dem Centovalli oder dem Valle Maggia und geradezu abgeschiedenen Dörfern wie Fusio, Intragna oder Cevio. Deren malerisches Ortsbild, ihre Kirchen und der Wein, der hier angebaut und gekeltert wird, bezaubern – und berauschen – die Besucher.

In diesem Kapitel:

ADAC Top Tipps:

7 Castelgrande, Bellinzona
| Burg |
Das Bollwerk kontrollierte einst den Zugang zu den Alpenpässen. Die mächtige Hauptburg und ihre benachbarten Kastelle wurden nie geschleift – und werden heute als UNESCO-Welterbe geschützt. 90

8 Madonna del Sasso, Locarno
| Kirche |
Katholischen Wallfahrern ist das Sanktuarium Madonna del Sasso ein perfekter Pilgerberg mit Kirche, Kapuzinerkloster und Kreuzweg. Besucher mit vornehmlich profanen Interessen lockt vor allem die weitreichende Panoramaaussicht an. 94

ADAC Empfehlungen:

20 Lugano Arte e Cultura (LAC), Lugano

| Kunst- und Kulturzentrum |

Das Bauwerk erinnert an den Bug eines in See stechenden Schiffs, im geräumigen Innern finden Konzerte und Theater statt. 100

21 Monte Generoso, bei Capolago

| Ausflugsberg |

Zahnradbahn und Ausflugsberg haben eine lange Tradition. Der Entwurf der Bergstation »Fiore di Pietra« stammt vom Tessiner Star-Architekten Mario Botta. 104

31 Bellinzona

Die Stadt gilt als Tor zum Süden, ihre drei Burgen zählen zum Weltkulturerbe

Information

■ InfoPoint Bellinzonese, Palazzo Civico, Piazza Nosetto 5, 6500 Bellinzona, Tel. 09 18 25 21 31, www.bellinzonese-alto ticino.ch

Bellinzona (45 000 Einw.) konnte sich nie aus dem Schatten der Seeorte Lugano und Locarno lösen, daher kennen die meisten Urlauber die Kantonshauptstadt des Tessins lediglich von der Durchreise. Dennoch besitzt der Ort eine reizvolle Altstadt mit typisch lombardischem Flair, überragt von drei markanten Burgen, deren Herren und Heere schon immer die Nord-Süd-Route über die Alpen und die wichtigen Passübergänge am St. Gotthard, Lukmanier und San Bernardino kontrollierten. Bellinzona war einst fast uneinnehmbares Bollwerk: Eine gewaltige Mauer, die Murata, verband die Trutzburgen und riegelte so die gesamte Talebene ab. Alle drei Burgen – Castelgrande, Montebello und Sasso Corbaro – genießen den Schutz des UNESCO-Weltkulturerbes.

Sehenswert

Castelgrande

| Burg |

7 *Herausragendes Beispiel einer spätmittelalterlichen Befestigung*

Prunkstück der Befestigung Bellinzonas ist das inmitten der Stadt auf einem bewaldeten Felsplateau aufragende Castelgrande. Dieses auf das 12. Jh. zurückgehende Bollwerk wurde unter Federführung des Tessiner Architekten Aurelio Galfetti 1984–91 umfassend restauriert. Gleichzeitig ließ er im Osten, am Fuß der Burg, die Piazza del Sole anlegen, von der aus ein Lift in die von einer monumentalen Ringmauer, der Murata Sforzesca, umschlossene Bastion führt. Im Südflügel dokumentiert das Museo di Castelgrande die Geschichte des Kastells.

■ www.bellinzonese-altoticino.ch, April–Okt. tgl. 10–18, Nov.–März tgl. 10.30–16 Uhr, 5 CHF, Kinder (6–16 J.) 3 CHF

ADAC *Spartipp*

Mit dem **Cultura Pass**, erhältlich am Burgeingang, lassen sich alle drei Burgen Bellinzonas sowie die Dauer- und Wechselausstellungen in den Burgen für 18 CHF, Kinder (6–16 J.) 10 CHF besuchen.

Castello di Montebello

| Burg |

Auf dem benachbarten Hügel präsentiert sich das Castello di Montebello wie das Idealbild einer mittelalterlichen Ritterburg; seine trutzigen Mauern sind mit Schwalbenschwanzzinnen und Pechnasenkränzen bestückt. Sein Kern entstand Ende des 13. Jh. und wurde ab 1503 von den Schweizer Landvögten zur Residenz ausgebaut.

■ Via Artore 4, www.bellinzonese-alto ticino.ch, Mitte März–Nov. 10–18 Uhr, 5 CHF, Kinder (6–16 J.) 3 CHF

Castello di Sasso Corbaro

| Burg |

Das Burgentrio wird durch das Castello di Sasso Corbaro ergänzt, das in 230 m Höhe über der Stadt liegt. Die Mailänder Herzöge ließen das jüngste Glied der Verteidigungskette im Jahr

1479 in lediglich sechs Monaten errichten. Hohe mächtige Mauern umschließen einen viereckigen Innenhof. In dem massigen Wehrturm Belvedere werden Wechselausstellungen gezeigt, und der Emma-Poglia-Saal ist das typische Beispiel eines Herrschaftssaals aus dem 17. Jh.

■ Via Sasso Corbaro 44, www.bellinzonese-altoticino.ch, Mitte März–Nov. 10–18 Uhr, 5 CHF, Kinder (6–16 J.) 3 CHF

Santa Maria delle Grazie

| Kirche |

Die ehemalige Franziskanerkirche liegt südwestlich des Stadtzentrums. Ihr besonderer Reichtum ist ein monumentales Kreuzigungsfresko, das 15 Szenen aus dem Leben Christi zeigt. Ebenfalls von besonderem Wert sind zwei weitere Fresken, die den hl. Bernhardin zwischen den Heiligen Rochus und Sebastian und die Verkündigung darstellen. Die Malereien zählen zu den eindrucksvollsten und wichtigsten Renaissancefresken des Tessins.

■ Via Convento 5

Santi Pietro e Stefano

| Kirche |

Die Kollegiatskirche (16./17. Jh.) zählt zu den schönsten Renaissancebauten des Tessins. Eine zwölfstrahlige Rosette über dem Hauptportal schmückt die durch Pilaster gegliederte Marmorfassade. Unter den Fresken und Gemälden in ihrem einschiffigen Inneren sticht das 1658 von Simone Peterzano gemalte Kreuzigungsbild am Hochaltar besonders heraus.

■ Piazza Collegiata

P Parken

Parkmöglichkeiten findet man im **Parkhaus** an der Piazza del Sole. ■ Bis zur 4. Std. 2 CHF/Std., danach 4 CHF/Std., in der Nacht 1 CHF/Std.

Mächtig und uneinnehmbar dominiert die Burg Castelgrande Bellinzonas Altstadt

Restaurants

€ | Corona Äußerlich unscheinbares, geräumiges Restaurant mit Terrasse (Arkaden) in zentraler Innenstadtlage. Sehr gute Pizza. ■ Via Cammnata 5, Tel. 09 18 25 28 44, tgl. 8–24 Uhr

€€ | Osteria Sasso Corbaro Das gemütliche Lokal im Innenhof der gleichnamigen Burg überrascht mit exzellenter Küche. ■ Castello di Sasso Corbaro, Tel. 09 18 25 55 32, http://osteriasassocorbaro.ch, So abends und Mo geschl.

Einkaufen

Wochenmarkt Jeden Samstagvormittag (8–13 Uhr) findet auf der zentral gelegenen Piazza Collegiata ein großer Markt statt.

32 Valle di Blenio

Das »Sonnental« lockt mit einigen kunsthistorischen Kleinoden

Information

■ Blenio Turismo, 6718 Olivone, Tel. 09 18 72 14 87, www.blenio.com

Naturliebhaber und Mountainbiker zieht es ins sonnenreiche Blenio-Tal, das sich vom Industriestädtchen Biasca bis zum Lukmanier-Pass (1914 m) erstreckt. Im Talverlauf passiert man eine Reihe kleiner Ortschaften, darunter Lottigna, das in seinem Museo della Valle di Blenio Einblicke in die bäuerliche Tradition der Talschaft gewährt, und Olivone, das malerisch am Fuß des majestätischen, wie eine Pyramide aufragenden Sosto (2221 m) liegt. Das Dorf ist ein beliebter Sommererholungsort und Ausgangspunkt für Bergtouren ins von hier abgehende Val di Campo, zum idyllischen Lago Retico und zum Greina-Pass (2200 m). Weiter Richtung Lukmanier (Lucomagno) zeigt sich das Valle di Blenio von seiner ursprünglichen Seite.

In der Umgebung

Giornico
| Ort |
Von Biasca lohnt ein Abstecher (10 km) ins Valle Leventina nach Giornico. Solide gebaute alte Steinhäuser und zwei Steinbogenbrücken über den Ticino geben dem Ort einen gefälligen Charakter. Die um 1210 aus Granit errichtete ehemalige Benediktinerkirche San Nicolao im Zentrum ist eines der schönsten Beispiele romanischer Kirchenkunst im Kanton.

33 Locarno

Drittgrößte Stadt des Tessins und beliebtes Urlaubsziel mit mediterranem Flair

Information

■ Ascona-Locarno Turismo, Piazza Stazione, 6600 Locarno, Tel. 08 48 09 10 91, www.ascona-locarno.com

Seine überaus reizvolle Lage am Nordufer des Lago Maggiore und das milde Klima machten den nur 205 m hoch gelegenen Luftkurort Locarno (16 500 Einw.) zum bedeutendsten Touristenzentrum des Tessins. Doch diese Popularität hat ihren Preis: Längst ist das ehemals verträumte Städtchen mit den kleineren Nachbarorten Muralto und Minusio zu einem Ballungsraum mit insgesamt rund 50 000 Einwohnern zusammengewachsen. Ins Rampenlicht der Weltpolitik rückte das Städtchen im Jahr 1925, als der deutsche Außenminister Gustav Stresemann mit seinen französischen und englischen Kollegen den Locarno-Pakt aushandelte und damit für Deutschland nach dem Ersten Weltkrieg den Weg in den Völkerbund ebnete. Seit 1946 richtet die »Schöne vom See« jedes Jahr im August das Internationale Filmfestival aus, das für Cineasten längst zu einer festen Größe geworden ist.

Sehenswert

Piazza Grande

| Platz |

Lombardisch geprägte Patrizierhäuser, lauschige Arkadengänge und einladende Terrassencafés – kein Zweifel, die Piazza Grande inmitten der schmucken Altstadt wetteifert um den Titel, einer der schönsten Plätze der Schweiz zu sein.

Santa Maria Assunta

| Kirche |

Die im oberen Teil der Altstadt befindliche Kirche stiftete der Adelige Cristoforo Orelli im Jahr 1636. Das Innere des Gotteshauses ist mit manieristischen Malereien und Stuckaturen ausgeschmückt: Putten, vergoldete Cherubim-Köpfe sowie von Pflanzenornamenten und Fruchtgirlanden eingerahmte Fresken entfalten die ganze Pracht des Barock.

■ Via Citadella

Museo Civico e Archeologico

| Museum |

Im Castello Visconteo, der ehemaligen Residenz der Mailänder Herzöge, werden Fundstücke aus der Region gezeigt: von der späten Bronzezeit bis zum Hochmittelalter. Hervorzuheben sind die am Seeufer bei Ausgrabungen geborgenen römischen Glaswaren: Trinkgefäße, Vasen und Flakons.

■ Via al Castello, www.castellolocarno.ch, April–Okt. Di–So 10–12 und 14–17 Uhr, 10 CHF, Kinder (bis 16 J.) frei

Die schmucke Piazza Grande ist die gute Stube von Locarno

Pinacoteca Comunale Casa Rusca

| Museum |

Die Casorella, ein barocker Palazzo aus dem 16. Jh., kann sich rühmen, unter seinen Exponaten eine der bedeutendsten Werkgruppen des elsässischen Dadaisten Hans Arp (1887–1966) zu haben, der einige Jahre in Locarno lebte und hier auch begraben liegt.

■ Rua B. Rusca 5, http://museocasarusca.ch, Di–So 10–12 und 14–17 Uhr, 12 CHF, Kinder (bis 16 J.) frei

San Vittore

| **Kirche** |

Die ehemalige Stiftskirche atmet romanische Strenge. Damit steht sie in deutlichem Kontrast zum ansonsten in Locarno vorherrschenden überbordenden Barock. Der schlichte Bau aus Granitquadern wurde 1120 errichtet, der 1524 begonnene frei stehende Campanile konnte wegen Geldmangels erst 1932 vollendet werden.

■ Ortsteil Muralto

Madonna del Sasso

| **Kirche** |

8 *Pilgerberg mit weitreichender Panoramaaussicht*

Die bedeutendste Wallfahrtskirche der italienischen Schweiz, das Sanktuarium Madonna del Sasso, befindet sich in erhabener Lage oberhalb von Locarno. Auf der felsigen Anhöhe soll 1480 dem Mönch Bartolomeo d'Ivrea die Jungfrau Maria inmitten eines Strahlenkranzes erschienen sein. Die über dem heiligen Ort im Jahr 1616 erbaute schlichte Franziskanerkirche verdankt ihr heutiges Aussehen (angegliedertes Kapuzinerkloster und Kreuzweg) umfangreichen baulichen Veränderungen im 19. und 20. Jh. Zur kostbaren Kirchenausstattung zählt das 1520 von dem Mailänder Maler Bramantino geschaffene Tafelbild »Flucht nach Ägypten« rechts vom Eingang. Vom Stadtzentrum Locarnos aus erreicht man die Kirche zu Fuß über den Kreuzweg (Via Crucis, halbe Std.) oder mit der Standseilbahn.

■ Via Santuario 2, Ortsteil Orselina, www.madonnadelsasso.org/de, tgl. 7–18.30 Uhr

ADAC *Wussten Sie schon?*

Von der 220 m hohen Staumauer der **Verzasca-Talsperre** wagte James Bond 1995 im Filmspektakel »Goldeneye« den Sprung in die Tiefe. Wer will, kann es ihm nachtun und an ein Bungeeseil befestigt ins Nichts springen.
www.trekking.ch, 255 CHF

Restaurants

€€ | Osteria Centenario Kreative mediterrane Küche, zubereitet aus saisonalen Produkten mit Fokus auf Region und Herkunft, sowie eine vielfältige Weinkarte. ■ Viale Verbano 17, Locarno-Muralto, Tel. 091 743 82 22, www.osteriacentenario.ch, So geschl.

Events

Internationales Filmfestival Jeden August verwandelt sich Locarnos Piazza im Rahmen des Filmfestivals bei Einbruch der Dunkelheit in ein Open-Air-Kino. Höhepunkt ist die Vergabe der begehrten »Leoparden«. ■ www.locarnofestival.ch

In der Umgebung

Valle Verzasca

| **Tal** |

Nordöstlich von Locarno schuf die Eiszeit ein 25 km langes, schmales Tal von geradezu dramatischer Schönheit. Im Oberlauf des smaragdgrünen Gebirgsflusses Verzasca liegen wie von Riesenhand verteilte Felsen, aus denen Eis und Wasser einen urzeitlichen Skulpturengarten geformt haben. Dort laden malerische Orte wie Corippo oder Brione zum längeren Verweilen ein. Viel bestaunt und fotografiert wird die den Fluss Verzasca überspannende mittelalterliche Doppelbogenbrücke Ponte dei Salti in Lavertezzo. Am Talausgang staut die Verzasca-Talsperre den Fluss zum 7 km langen Lago di Vogorno.

34 Ascona

»Sehen und gesehen werden« im Nobelferienort am Lago Maggiore

Information

- Ascona-Locarno Turismo, Viale Papio 5, 6612 Ascona, www.ascona-locarno.com

Ascona (5650 Einw.) haftet der Ruf des Mondänen an. Zum Sehnsuchtsziel internationaler Prominenz erkoren, trafen seit der Mitte des 20. Jh. zahlreiche Dichter, Maler, Film- und Schlagerstars in Ascona ein. Sie alle erlagen dem Zauber des einstigen Fischerortes am Lago Maggiore mit dem angenehm milden Klima. Längst ist das einst verträumte Örtchen vollständig vom Tourismus vereinnahmt. Geblieben sind dem sonnenverwöhnten Ascona eine malerische Innenstadt und seine unübertroffene Lage.

Sehenswert

Museo Comunale d'Arte Moderna
| Museum |
Das Museum verfügt über Werke von Künstlern, die eine Verbindung zu Ascona hatten, wie etwa Alexej von Jawlensky oder Paul Klee. Im Mittelpunkt der Ausstellung steht eine ca. 100 Gemälde sowie Skizzenbücher und Zeichnungen umfassende Schenkung der russischen Expressionistin und Mitbegründerin des Blauen Reiters Marianne von Werefkin (1860–1938).

Im Blickpunkt

Monte Verità

Im Jahr 1900 gründeten der Antwerpener Fabrikantensohn Henri Oedenkoven und die Münchner Pianistin Ida Hofmann auf dem Monte Verità, dem »Berg der Wahrheit« oberhalb von Ascona, eine vegetarische Kooperative, die bald zu einem Sammelbecken von Zivilisationsflüchtlingen aus ganz Europa werden sollte. Die hier versammelte Gemeinschaft predigte die Abkehr von bürgerlichen Normen und suchte nach einem naturgemäßen Lebensstil. Man ernährte sich von Rohkost, trug Kutten und Stirnbänder, badete nackt in den Gebirgsbächen und propagierte die freie Liebe. Aus der Gründerzeit erhalten blieben das einstige Wohnhaus der Kooperative, die Casa Anatta, heute Museum, und die kleine Casa Selma, eine Licht-Luft-Hütte der Vegetarier. Nachdem die Kommune sich aufgelöst hatte, erwarb der deutschschweizerische Bankier Eduard Freiherr von der Heydt 1926 den Monte Verità und finanzierte dort den Bau eines Hotels im Bauhausstil. 1978 wurde der Monte Verità wiederentdeckt: mit einer Ausstellung von Harald Szeemann und einem von Hermann Müller initiierten Revival-Treffen. Szeemanns Ausstellung ist seit 1981 im Museo Casa Anatta untergebracht, das renovierte Museum wurde 2017 wiedereröffnet. Das Hotel Monte Verità wurde 2008 renoviert.
www.monteverita.org

ADAC *Mobil*

Die Linienschiffe der **Navigazione Lago Maggiore** verkehren zwischen Ascona und Locarno, zu den Isole de Brissago und nach Porto Ronco täglich bis zu 17-mal. Asconas Anleger befindet sich an der Piazza Giuseppe Motta. *www.lakelocarno.ch*

■ Via Borgo 34, www.museoascona.ch, März–Dez. Di–Sa 10–12 und 15–18, So 10.30–12.30 Uhr, 10 CHF, Kinder (bis 18 J.) frei

Restaurants

€€ | **Hostaria San Pietro** Im rustikalen Innenhof wird fein gewürzte Mittelmeerküche serviert. ■ Passaggio San Pietro 6, Tel. 091 791 39 76, www.osteria sanpietro.ch, Mo geschl.

Entspannung

Grande Lido Ascona Als Seestadt hat Ascona natürlich auch ein attraktives Strandbad zu bieten. Das Grande Lido Ascona entstand aus einem Zusammenschluss von Lido und Bagno publico. Besonders bei Kindern und Jugendlichen hoch im Kurs steht die fast 100 m lange Wasserrutschbahn. ■ Juni–Mitte Sept. tgl. 9.30–22 Uhr, Bagno publico: Eintritt frei, Lido: 6 CHF, Kinder 3 CHF, ab 17 Uhr Eintritt frei

In der Umgebung

Ronco sopra Ascona

| Ort |

Fährt man am Nordwestufer des Lago Maggiore über das serpentinenreiche Asphaltsträßchen Nr. 13 Richtung Verbania, erreicht man bald an der steilen Flanke der Corona dei Pinci die Häuser von Ronco sopra Ascona (335 m). Das einstige Künstlerrefugium ist heute eine der begehrtesten Wohnlagen im Tessin und bietet bezaubernde Panoramen über den Lago Maggiore.

Parco botanico del Cantone Ticino, Isola Grande

| **Botanischer Garten** |

Die Isola Grande, die größere der beiden Isole de Brissago, wird von Linienschiffen regelmäßig angesteuert. Kaufhaus-Tycoon Max Emden aus Hamburg ließ in den 1920er-Jahren hier einen Palazzo samt Lustgarten bauen. 1949 kaufte der Kanton Tessin die Insel und machte sie als Botanischen Garten der Allgemeinheit zugänglich. Zu sehen gibt es in der warmen Jahreszeit etwa 1700 subtropische Gewächse aus aller Welt, darunter gut 20 Rhododendronarten, Zypressen und ein Lotusteich.

■ Isole di Brissago, www.isolebrissago.ch, April–Mitte Okt. tgl. 9–18 Uhr, Botan. Garten 8 CHF, Kinder (6–16 J.) 2,50 CHF

35 Valle Maggia

Wilde Schönheit im landschaftlich reizvollen Tal der Maggia

Information

■ Ascona-Locarno Turismo, Centro Punto Valle, Via Vallemaggia 10, 6670 Avegno, www.ascona-locarno.com

Verlässt man zwischen Locarno und Ascona das zersiedelte Schwemmlanddelta der Maggia und folgt dem Flusslauf bergauf, gelangt man bald in eines der zauberhaftesten Täler des

Valle Maggia: Seit Jahrtausenden gräbt sich der Fluss Maggia tief in den Granit

Tessins. Mit einer Länge von rund 56 km ist das Valle Maggia zugleich eine der ausgedehntesten Tallandschaften des Kantons.

Sehenswert

Cevio

| Ort |

Etwa in der Mitte des wildromantischen Tales liegt Cevio (1200 Einw.), Hauptort des Valle Maggia und bis 1798 Verwaltungssitz der eidgenössischen Landvögte. Herrschaftliche Gebäude wie der Palazzo Pretorio aus dem 17. Jh. zeugen noch von der einstigen Bedeutung. Im Palazzo Franzoni (17. Jh.) zeigt das Museo di Valmaggia bäuerliches Gerät, etwa aus Speckstein gefertigtes Geschirr.

■ Museo di Valmaggia: Cevio vecchio 6/12, www.museovalmaggia.ch/de, April–Okt. Di–So 13.30–17 Uhr, 6 CHF, Kinder (6–16 J.) 3 CHF

Bosco Gurin

| Ort |

Hinter Cevio fächert sich das Tal in mehrere Seitenarme auf. Durch das Valle di Campo im Westen führt ein einziges Sträßchen. Man kann ihm bis ans Ende des Valle de Bosco zur 50-Seelen-Gemeinde Bosco Gurin folgen. Deutschsprachige Walser gründeten den 1506 m hoch gelegenen Ort im 13. Jh. In einem typischen Walser Holzhaus dokumentiert ein kleines Museum die Dorfgeschichte.

■ Museum: www.walserhaus.ch, Ostern–Okt. Di–Sa 10–11.30 und 13.30–17, So 13.30–17 Uhr, 5 CHF, Kinder (6– 16 J.) 1 CHF

San Giovanni Battista, Mogno

| Kirche |

Nach Mogno ins abgeschiedene Val Lavizzara zieht es Naturfreunde, aber auch Architekturfans. Das Dorf verfügt mit der vom Tessiner Architekten

ADAC *Mobil*

Die **Centovalli-Bahn** ist der Schlüssel zu den hundert Tälern, die sie auch im Namen trägt. Ihre Gleise verbinden Intragna, etwas oberhalb von Locarno, mit dem knapp 52 km entfernten italienischen Städtchen Domodossola. Die Strecke führt durch 34 Tunnels und über 83 Brücken, vorbei an Maronenwäldern, Rebhängen und malerisch gelegenen Ortschaften. *Ferrovie Autolinee regionali Ticinesi (FART), www.centovalli.ch*

Mario Botta geschaffenen Kirche San Giovanni Battista über ein Kleinod moderner Sakralarchitektur. Anstelle der von einer Lawine weggerissenen alten Kapelle erhebt sich nun ein nach oben abgeschrägter, futuristisch wirkender Kubus. Botta kombinierte weißen Peccia-Marmor aus der Umgebung mit grauem Granit. Die unterschiedlichen Gesteinsarten und das einfallende Sonnenlicht schaffen effektvolle geometrische Muster.

Fusio

| Ort |

Wer es auf dem engen Serpentinensträßchen bis hinauf nach Mogno geschafft hat, sollte noch ein Stück weiter bis Fusio (50 Einw., 1281 m) fahren. Das verschachtelte Dorf mit steilen Gassen und Bruchsteinhäusern schmiegt sich malerisch in den Talschluss. Hier führt eine lohnende Wanderung zu den Quellseen der Maggia.

36 Centovalli

Das »Tal der hundert Täler« ist ein Traum für Wander- und Bergfreunde

i Information

■ Centorustici, Piazza Municipio, 6655 Intragna, Tel. 0917807440, www.centorustici.ch

Ponte Romano: Die Römerbrücke bei Intragna überspannt den Fluss Melezza

Der Name weckt Erwartungen. Auch wenn es nicht wirklich hundert Täler sind, so können sich Bergfreunde doch auf hochalpine Touren in kargen Höhen freuen. Wanderer folgen schmalen Pfaden durch schattige Wälder. Eisenbahnfans besteigen die Centovalli-Bahn und genießen die Landschaft vom Zug aus.

Touristenattraktion und probates Transportmittel: die Centovalli-Bahn

Sehenswert

Verscio

| Ort |

Der 1150 Einwohner zählende Ort liegt noch in der ebenen Landschaft des Pedemonte und ist Heimat des Teatro Dimitri, das den Ruf genießt, eine der besten Kleinkunstbühnen Europas zu sein. Das vom Tessiner Clown Dimitri (1935–2016) und seiner Frau Gunda gegründete Ensemble begeistert mit seinen grotesken Nummern. Im Haus erinnert das Museo Comico an große Clowns und stellt Masken, Musikinstrumente sowie eine stattliche Sammlung von Porzellanelefanten aus.

■ Caraa du Teatro Dimitri 10, Tel. 05 86 66 67 80, www.teatrodimitri.ch, Museo Comico: März–Nov. tgl. 17–24 Uhr, 5 CHF, Kinder 3 CHF

Intragna

| Ort |

Der kleine Hauptort (900 Einw.) des Centovalli kündigt sich bereits von Weitem durch den 65 m hohen Campanile der Pfarrkirche San Gottardo an. 165 Stufen führen zur Turmspitze in 37 m Höhe hinauf. Im Kircheninneren lohnt ein Blick auf den Rokokoaltar mit Illusionsmalerei und auf die aus derselben Zeit stammende Marmorbalustrade vor dem Chor. Nach einer kurzen Wanderung auf dem alten Maultierpfad, der nach Remagliasco führt, erreicht man den Ponte Romano, die älteste Steinbrücke des Tessins. Sie wurde bereits im Jahr 1578 gebaut.

Rasa

| Ort |

Das Bergdörfchen Rasa (898 m) ist nur auf Saumpfaden oder von dem Ort Verdasio aus per Seilbahn zu erreichen und scheint wie aus einer anderen Zeit. Kein Autolärm stört das Idyll, die kubischen Steinhäuser vermitteln eine altertümliche Atmosphäre.

■ Seilbahn: Verdasio, März–Mitte Nov. tgl. 9–13 und 14.20–18 Uhr alle 20 Min., 1. Di im Monat geschl., Hin- und Rückfahrt 12 CHF, Kinder 8 CHF

Restaurants

€ | **Grotto Ghiridone** Unter der schattigen Pergola werden lokale Spezialitäten serviert. ■ Rasa, Tel. 09 17 98 13 31

37 Lugano

Beschaulichkeit und Bankgeschäfte zwischen See und Bergen

Information

■ Lugano Turismo, Palazzo Civico, Piazza Riforma, 6900 Lugano, Tel. 05 88 66 66 00, www.luganotourism.ch

Luganos (63 800 Einw.) Lage ist grandios: Am Nordufer des Luganer Sees säumt die heimliche Kantonshauptstadt vor malerischen Bergkegeln eine halbrunde Bucht. Zwar dominiert in den Außenbezirken nüchterne moderne Architektur, doch in der attraktiven Innenstadt und entlang des Sees prägen schmucke Plätze, Arkaden, Parks und subtropische Gärten das Bild der Stadt. Dank seines milden Klimas und der reizvollen Lage besuchen jährlich rund 1,3 Mio. Besucher Lugano. Zudem entwickelte sich die Stadt nach Zürich und Genf zum drittwichtigsten Finanzplatz der Schweiz. Der reizvollen Kulisse der Luganer Bucht verleihen vor allem die Hausberge den besonderen Pfiff. Im Süden ist der »Zuckerhut« des Monte San Salvatore (912 m) vom Villenvorort Paradiso aus per Standseilbahn erreichbar. Auf den Monte Brè (925 m) im Osten geht es vom Ortsteil Cassarate hinauf.

Sehenswert

Piazza della Riforma

| Platz |

Die zum See hin offene Piazza della Riforma mit ihren Straßencafés rahmt ein harmonisches Ensemble klassizistischer Architektur ein. Besonders fällt die von korinthischen Säulen gegliederte Prunkfassade des Palazzo Civico auf. In dem Prachtbau von 1844/45 ist Luganos Rathaus untergebracht.

Santa Maria degli Angioli

| Kirche |

Die Renaissancekirche Santa Maria degli Angioli war 1499–1515 als Klosterkirche eines Minoritenkonvents (1848 aufgelöst) erbaut worden. Äußerlich gibt sich das Gotteshaus schlicht, doch innen ist es vollständig mit wundervollen Fresken ausgemalt. Den dreibogigen Lettner gestaltete Bernardino Luini, ein Schüler Leonardo da Vincis, 1529 mit einer eindringlichen Darstellung der Passion Christi.

Lugano Arte e Cultura (LAC)

| Kunst- und Kulturzentrum |

20 *Interessanter Bau mit nicht minder interessantem Inhalt*

Untergebracht in einem an den Bug eines in See stechenden Schiffs erinnernden Bauwerk, hat an diesem Ort der Künste neben einem Theater- und Konzertsaal auch das MASILugano, das Museo d'arte della Svizzera italiana, seinen Sitz. Diese bedeutende Kunstsammlung umfasst sowohl Arbeiten regionaler Künstler als auch Werke international berühmter Maler wie Edgar Degas, Pierre-Auguste Renoir, Camille Pissarro oder Thomas Struth.

■ Piazza Bernardino Luini 6, www.luganolac.ch, Di–So 10–18, Do bis 20 Uhr, Eintritt Museum 20 CHF, Kinder (bis 16 J.) frei

Cattedrale San Lorenzo

| Kathedrale |

Auf einer Aussichtsterrasse oberhalb der Altstadt thront die Cattedrale San Lorenzo. Als ältester Bauteil der ursprünglichen Pfeilerbasilika blieb der romanische Sockel des Campanile aus dem 13. Jh. erhalten. Er wurde später mit barocken Glockengeschossen und einer achteckigen Laterne aufgestockt. Pilaster und ein Kranzgesims gliedern die lombardische Renaissancefassade aus weißem Marmor. Im Innern sind der von Putten gekrönte Hochaltar (1690), die illusionistischen Wandmalereien im Westchor (1764) sowie die Freskenfragmente (13.–16. Jh.) an der Südwand des Kirchenschiffs erwähnenswert.

■ Via Borghetto 1

Museo cantonale di storia naturale

| Museum |

Unweit der Mündung des Flüsschens Cassarate in den See zeigt das naturgeschichtliche Museum seine umfangreiche Sammlung in den fünf Abteilungen Zoologie, Botanik, Mykologie, Paläontologie und Geo-Mineralogie. Zu den Exponaten zählen Algen und Achate, Dinosaurier und Pilzgeflechte, Versteinerungen sowie Hohltiere wie Quallen und Polypen.

■ Viale Cattaneo 4, www.ti.ch/mcsn, Di–So 9–12 und 14–17 Uhr, Eintritt frei

Verkehrsmittel

Società Navigazione del Lago di Lugano (SNLL) Ausflugsfahrten und Linienverbindungen über den Luganer See, etwa zu den Ortschaften Gandria oder Morcote. ■ Anleger Riva Albertolli, www.lakelugano.ch, Tageskarte 49 CHF, Kinder (6–16 J.) 24,50 CHF

Parken

Autosilo LAC Das Parkhaus unter dem Kulturzentrum ist tgl. 24 Std. geöffnet.
■ Riva Vincenzo Vela, 4 CHF/2 Std., 43 CHF/12–24 Std.

Zum Dolcefarniente verlocken die Cafés auf der Piazza della Riforma in Lugano

Im Blickpunkt

Hermann Hesse im Tessin

Das milde Klima und die südländische Lebensart zogen von jeher Literaten und Künstler ins Tessin. Als wohl berühmtester Wahltessiner gilt der deutsche Dichter Hermann Hesse (1877–1962), der ins Dorf Montagnola übersiedelte. Wechselhafte Wanderjahre waren vorausgegangen. Gut ein halbes Jahrhundert verbrachte Hesse hier in den Collina d'Oro, den Hügeln, die sich über die Halbinsel Ceresio südlich von Lugano ziehen. Hier entstanden jene Bücher, die Hermann Hesses Weltruhm begründeten: »Siddharta« (1922), »Steppenwolf« (1927) und sein Spätwerk »Das Glasperlenspiel« (1943). Der Literaturnobelpreisträger von 1946 fand im nahen Gentilino auf dem Friedhof Sant' Abbondio neben seiner Frau seine letzte Ruhe. Seit mehr als 12 Jahren besteht im Torre Camuzzi das kleine Hermann-Hesse-Museum, das vom Leben des Dichters erzählt.

www.hessemontagnola.ch

Restaurants

€ | La Tinèra Zentral gelegenes Kellerlokal mit ansprechender Auswahl an traditionellen Tessiner Gerichten wie etwa Polenta, Risotto, Kalbsleber und Ossobuco. Rustikal im Stil eines Grotto möbliert. ■ Via die Giorni 2, Tel. 09 19 23 52 19, So geschl.

€€ | La Cucina di Alice Sehr gute kreative Küche, aufmerksames Personal und schöne Terrasse zum Luganer See. ■ Riva Vincenzo Vela 4, Tel. 09 19 22 01 03, www.lacucinadialice.ch, tgl. 8.30–24 Uhr

Einkaufen

Gabbani Tessiner Weine, Gebäck, Käse- und Wurstspezialitäten. ■ Via Pessina 12, Lugano, www.gabbani.com

In der Umgebung

Gandria

| Ort |

In malerischer Lage an der Flanke des Monte Brè liegt der ehemalige Fischerort ungefähr 5 km von Lugano entfernt und ist am bequemsten mit einem Ausflugsschiff zu erreichen. Treppengassen und schindelgedeckte Häuser verbreiten nostalgischen Charme. Entlang der Wasserfront laden Fischlokale zur Rast ein.

38 Morcote

Kleine Perle am Luganer See, überragt von mächtiger Wallfahrtskirche

Information

■ Ente Turistico del Luganese, Riva dal Garavèll 16, 6922 Morcote, Tel. 05 82 20 65 02, www.luganoregion.com

Das ehemalige Fischerdörfchen Morcote (730 Einw.) liegt traumhaft an der Südspitze der Landzunge Ceresio. Auf der frisch renovierten Promenade am See laden zahlreiche Cafés und Restaurants zum Verweilen ein und verwöhnen mit fangfrischem Fisch. Vorbei an verwinkelten Gassen, kühlen Laubengängen und mittelalterlichen Patrizierhäusern, die mit reich geschmückten Fassaden die Blicke auf sich ziehen, kann man auf einem Treppenweg gut 400 Stufen zur Wallfahrtskirche Santa Maria del Sasso aufsteigen, die das Ortsbild des Dorfes weithin sichtbar prägt. Das Hauptschiff der auf das 13. Jh. zurückgehenden Kirche ist mit sehenswerten Renaissancefresken geschmückt. Am Westende des Orts, über dem See gelegen, findet man im Parco Scherrer, einem Werk des Textilhändlers Arturo Scherrer, die Inszenierung eines exotischen Gartens mit Architekturzitaten aus aller Welt.

■ Parco Scherrer: Mitte März–Ende Okt. tgl. 10–17 Uhr, 7 CHF, Kinder (bis 16 J.) 3 CHF

P Parken

Autosilo di Garavello Eine neue Tiefgarage befindet sich am Ortseingang. ■ Strecia da la Filanda 11, erste ½ Std. frei, dann 0,50 CHF/½Std., max. 24 CHF/Tag

Kinder

Swissminiatur Kindgerechter Freizeitpark. Ob Bundeshaus, Matterhorn oder Schloss Rapperswil: Hier findet man die ganze Schweiz samt Berge, Seen und Bahnen im Bonsai-Format. ■ 6815 Melide, www.swissminiatur.ch/swissminiatur/de, Ende März–Anf. Nov. tgl. 9–18 Uhr, Familienkarte 58 CHF

Blick auf Morcote mit der Wallfahrtskirche Santa Maria del Sasso

39 Mendrisiotto

Am südlichen Ende: Wo das Tessin sich mediterran wie die Toskana gibt

i Information

■ Ente Turistico del Mendrisiotto e Basso Ceresio, Via Luigi Lavizzari 2, 6850 Mendrisio, Tel. 09 16 41 30 50, www.mendrisiottoturismo.ch

Mendrisiotto e Basso Ceresio heißt die südlichste Region des Tessins. Zum UNESCO-Weltnaturerbe zählt hier der Monte San Giorgio (1069 m). Paläontologische Funde verhalfen ihm zum Beinamen »Berg der Saurier«. Die interessante Region kann von der Ortschaft Meride aus auf einer mehrstündigen Wanderung entlang eines Naturlehrpfades erkundet werden.

Monte Generoso: Mit der Zahnradbahn gelangt man zur Bergstation »Fiore di Pietra«

Events

Mendrisios Passionsspiele In Mendrisio erinnert ein opulent ausgestatteter Kostümumzug am Abend des Gründonnerstags an den Leidensweg Jesu. Am gleichen Ort wird wenige Stunden später die Karfreitagsprozession begangen, die Enterro (Beerdigung) genannt wird.

In der Umgebung

Monte Generoso

| Ausflugsberg |

21 *Aussichtsreiches Ausflugsziel mit faszinierender Bergstation*

Der Monte Generoso (1704 m) ist der bekannteste und wohl beliebteste Ausflugsberg des Tessins. Von seinem Gipfel bietet sich eine traumhafte Aussicht auf die Seenlandschaft, die Stadt Lugano, die Po-Ebene sowie auf die Berge vom Apennin bis zum Gotthardmassiv und der Berninagruppe. Eine Zahnradbahn, die Gäste in 40 Minuten von der Talstation in Capolago auf den 1704 m hohen Berg bringt, macht seinen Besuch denkbar bequem. Die Pläne der modernen Bergstation mit Restaurant – die »Fiore di Pietra« (dt. Steinblume) – stammen vom Tessiner Star-Architekt Mario Botta.

■ Ferrovia Monte Generoso: Stazione, Capolago, www.montegeneroso.ch, 36 CHF, Kinder (6–15 J.) 18 CHF

Gefällt Ihnen das?

Ganz bequem mit der Zahnradbahn aussichtsreiche Höhen erklimmen, das geht auch auf Luzerns Hausberg **Pilatus** (S. 54) – und besonders spektakulär auf das **Jungfraujoch** (S. 66).

Übernachten

Im Tessin ist das Angebot an Übernachtungsmöglichkeiten breit gefächert. Natürlich laden traditionell gerade die Hotels entlang der Seeufer zum mehrtägigen Verweilen ein, außerdem wächst in den bei Wanderern beliebten Tälern das Angebot einfacher Hotels, Ferienwohnungen, Pensionen und B&Bs. Längerfristig Zimmer zu reservieren bietet sich grundsätzlich in der Hochsaison (Juli/August) an sowie an Wochenenden, die durch Brückentage verlängert werden können.

Locarno 92

€ | **Casa da Vinci** Altstadthaus, zentral im Herzen Locarnos unweit der Piazza Grande gelegen, Nichtraucherzimmer, kostenloses WLAN. ■ Via Bartolomeo Rusca 6/Via della Motta 9, 6600 Locarno, Tel. 09 17 51 30 64, www.casa-davinci.ch

€ | **Olanda** Günstige Pension hoch über der Stadt mit schöner Aussicht. Funktional eingerichtete Zimmer. Nur 1 km von der Wallfahrtskirche Madonna del Sasso entfernt. ■ Via ai Monti 139a, 6605 Locarno, Tel. 09 17 51 47 27, www.pensione-olanda.ch, Dez.–Feb. geschl.

€€ | **H4 Arcadia** Familienhotel mit großzügigen Appartements, Sauna, Pool, Spielzimmern und kostenloser Kinderbetreuung in der Hauptsaison. Alle Zimmer mit Balkon, kostenloses WLAN, Parkplätze in begrenzter Zahl vorhanden. ■ Lungolago G. Motta, 6600 Locarno, Tel. 09 17 56 18 18, www.h-hotels.com

Ascona 95

€ | **Albergo Piazza au Lac** Die direkt an der meist belebten Uferpromenade gelegene »Herberge« verfügt über 43 funktional ausgestattete Zimmer mit Seeblick und mehrere Restaurants für ein kulinarisches Verwöhnprogramm nach dem Sightseeing. ■ Piazza G. Motta 29, 6612 Ascona, Tel. 09 17 91 11 81, www.hotel-piazza.ch

Valle Maggia 96

€€ | **Antica Osteria Dazio** Perfekte Unterkunft für Naturfreunde und Wanderer. Rustikale, aber heimelige Zimmer, teils mit eigenem Bad. Tessiner Küche. ■ 6696 Fusio-Mogno, Tel. 09 17 55 11 62, www.osteriadazio.com, Mitte Nov.–Mitte März geschl.

Lugano 100

€€€ | **International au Lac Historic Lakeside** Haus in Bestlage. Den Gästen steht das eigene Parkhaus offen. Ruhiger Garten mit Außenpool. Kein Restaurant. ■ Via Nassa 68 / Piazza Luini, 6900 Lugano, Tel. 09 19 22 75 41, www.hotel-international.ch

Mendrisiotto 103

€€ | **Coronado** Modernes, funktionales Hotel am Ortsrand. 108 Zimmer. Parkplätze gratis. ■ Via F. Borromini 10, 6850 Mendrisio, Tel. 09 16 30 30 30, www.hotelcoronado.ch

Wallis, Genf und Westschweiz

Zwischen der oberen Rhône und dem Genfersee besticht die Schweiz durch ihre sprachliche, geschichtliche und kulturelle Vielfalt

Durch die Berner Alpen im Norden und die Viertausender der Walliser Alpen im Süden natürlich abgeriegelt, blieb das Wallis, der mit 5226 km² drittgrößte Kanton des Landes, bis ins 18. Jh. vergleichsweise isoliert. Das eigenwillige Völkchen der Walser konnte jahrhundertelang seine Selbstständigkeit bewahren, ehe es 1815 der Eidgenossenschaft beitrat. Der frankophone Kanton Waadt im Westen der Schweiz, viertgrößter Kanton und mit Lausanne als Hauptstadt, war 12 Jahre früher dran. Der Kanton Genf wurde nach dem Sturz Napoleons im April 1815 als 22. Kanton mit der Schweiz wiedervereinigt. Traditionell orientieren sich die »Romands«, die französischsprachigen Schweizer, was Mode und Musik anlangt, an Paris, sie fühlen und handeln aber ausschließlich als Schweizer. Die Rhône ist die gemeinsame, mit dem Lac Léman, dem Genfersee, fortgesetzte Lebensader der Einwohner dieser Region; Savoir-vivre, die Kunst, das Leben zu genießen, eine weitere Gemeinsamkeit.

In diesem Kapitel:

ADAC Top Tipps:

9 Zermatt
| Ort |

Das malerische Weltdorf liegt am Fuße des Matterhorns, des »Berges der Berge«. Nicht nur Bergsteigerherzen schlagen hier schneller. Zermatt und das 4478 m hohe Matterhorn sind schlicht Schweizer Ikonen. ... 110

10 Lavaux
| Weinbaugebiet |

Landschaftlich schöner als im Waadtland lässt sich Wein kaum anbauen. Wegen der hier gelebten Harmonie zwischen Weinbauern und Natur erlangten die Rebhänge den Status als UNESCO-Weltkulturerbe. ... 117

ADAC Empfehlungen:

22 Grosser Aletschgletscher
| Gletscher |

Zu jeder Jahreszeit ist der Gletscher ein grandioses Naturschauspiel: im Winter lohnendes Ski-Revier, im Sommer Dorado von Natur-, Bike- und Wanderenthusiasten. 108

23 Le Pont de Brent, Brent
| Restaurant |

Eine der längst legendären Spitzenküchen des Waadtlands, die man sich wenigstens »once in a lifetime« gönnen sollte. 116

24 Musée Olympique, Lausanne
| Museum |

Schon der zum Genfersee blickende Park ist ein Highlight; in seiner Sammlung lässt das olympische Museum u.a. mit interaktiven Displays historische Sportmomente wieder lebendig werden. 118

25 Trala Hotel, Montreux
| Hotel |

Beim Design dieses stylischen Hotels im Herzen von Montreuxs Altstadt geht es ausschließlich um Musik – und ihre Idole. Die meist internationalen Gäste sind begeistert. 122

40 Brig

Historische Kaufmannsstadt im Oberwallis mit südländischem Flair

Information

■ Brig Simplon Tourismus, Bahnhofstr. 2, 3900 Brig-Glis, Tel. 027 921 60 30, www.brig-simplon.ch

Brig, der 12 000 Einwohner zählende Hauptort des deutschsprachigen Oberwallis, liegt im Wegkreuz der vier Alpenpass-Straßen von Simplon, Furka, Grimsel und Nufenen. Stolz ist man in der Stadt am Südufer der Rhône auf die verkehrsberuhigte Altstadt und ihr südländisches Flair.

Sehenswert

Stockalperpalast
| Museum |
Das barocke Wahrzeichen von Brig (»Brücke«) wird von mehrstöckigen Arkadengängen und drei aus Granitblöcken zusammengefügten Türmen geprägt, deren vergoldete Zwiebelhauben dem strengen Wehrcharakter eine anmutige Note verleihen. Das unverkennbar toskanisch beeinflusste Anwesen umgibt einen geräumigen Innenhof. Es entstand 1658–78 aus den beträchtlichen Mitteln, die dem rührigen Händler und Politiker Kaspar Stockalper aus Erzgruben bei Brig und dem Salzmonopol zuflossen. Heute nimmt der Palast zugleich das Rathaus und das Schlossmuseum auf.

■ Alte Simplonstr. 28, Mai–Okt. Di–So tgl. 9.30, 10.30, 13.30, 14.30, 15.30 und 16.30 Uhr einstündige Führungen in deutscher Sprache, 8 CHF, Kinder (7–16 J.) 3 CHF

41 Grosser Aletschgletscher

22

Zu jeder Jahreszeit ein grandioses Naturschauspiel

Information

■ Aletsch Arena, Kontakt- und Reservationscenter, Furkastr. 39, 3983 Mörel-Filet, Tel. 027 928 58 58, www.aletscharena.ch

Für Natur- und Wanderfreunde ist ein Abstecher zum Grossen Aletschgletscher nordöstlich von Brig ein Muss. Im Herzen des UNESCO-Welterbes Swiss Alps Jungfrau-Aletsch ist er mit 23 km der längste Gletscher der Alpen, und sein Eis bedeckt eine Fläche von 117,5 km² zwischen Konkordiaplatz (2250 m) nahe dem Jungfraujoch und der Riederalp (1919 m). Die Ferienregion Aletsch Arena wird von den Seilbahnen auf die Riederalp, die Bettmeralp und die Fiescheralp erschlossen. Von der Bergstation der Riederalp kann man auf einem Höhenweg durch den Aletschwald zur schrundigen Eiszunge des Gletschers wandern. Bis zu 1800 m breit zieht sich der gewaltige Eisstrom in weitem Bogen nach Nordosten. Auf dem Grat der Riederfurka, den man in einem etwa 30-minütigen Fußmarsch von der Riederalp aus erreicht, informiert in der Villa Cassel, einer einstigen Sommerresidenz, das Pro Natura Zentrum Aletsch über das Weltnaturerbe.

■ www.pronatura-aletsch.ch, Mitte Juni–Mitte Okt. tgl. 9–18 Uhr

Erlebnisse

Hängebrücken-Mekka Aletsch Goms
Abenteuer auf luftigen Pfaden verspricht die Aletscharena im Rahmen

Imposante Bergketten und Gletscher: das Welterbe Swiss Alps Jungfrau-Altetsch

eines Trails, der über bis zu fünf Hängebrücken führt. ■ www.hängebrücken-aletsch-goms.ch (nicht alle Hängebrücken sind ganzjährig geöffnet)

Sport

Stoneman Glaciara Die Route ist ein 127 km langes Mountainbike-Erlebnis. Sie führt über drei Etappen hinauf zum Großen Aletschgletscher und zurück nach Mörel. Mit knapp 1600 Höhenmetern folgt der Königsanstieg: eine alte Militärstraße führt steil hinauf zum 2451 m hohen Breithornpass. ■ www.stoneman-glaciara.com

42 Saas-Fee

Charmanter Bergort inmitten eines der bekanntesten Skigebiete des Wallis

Information

■ Saastal Tourismus, Obere Dorfstr. 2, 3906 Saas-Fee, Tel. 027 958 18 58, www.saas-fee.ch

Saas-Fee umrahmen 13 Viertausender und deren Gletscher. Das 1600 Einwohner zählende Gletscherdorf mit der imposanten Bergkulisse liegt auf schneesicheren 1800 m am Ende des Saastals. Vom tiefer gelegenen Saas-Grund (1562 m) führt der Kapellenweg, ein alter Pilgerweg mit 15 barocken Rosenkranzkapellen, nach Saas-Fee hinauf. Der Kapellenweg ist einer der 14 Themenwege im Saastal, das mit insgesamt 350 km Wanderwegen und, im Winter, mit 150 km Skipisten lockt.

Sehenswert

Saaser Museum

| Museum |

Der Dramatiker Carl Zuckmayer (1896–1977) hat seine letzten 20 Lebensjahre in Saas-Fee verbracht. Sein Arbeitszimmer ist erhalten geblieben – mit ihm erinnert das Saaser Museum im ehemaligen Pfarrhaus von 1732 an den deutschen Schriftsteller. Außerdem zu sehen sind volkskundliche Gegenstände, Trachten des Saastales sowie

Im Blickpunkt

Der langsamste Schnellzug der Alpen

Täglich verbindet der signalrote und großflächig verglaste Glacier Express die 291 km voneinander entfernten Bergdörfer Zermatt und St. Moritz. Die Züge schlängeln sich spektakulär über den Hauptkamm der Alpen, fahren über 291 Brücken und Viadukte und durch 91 Tunnels. Von Zermatt geht es zunächst durchs Mattertal ins 1000 m tiefer gelegene Brig. Dann wird das malerische Hochtal Goms passiert, und nach 15,4 km verschwindet der Zug im Furka-Basistunnel. Weitere Highlights: In Andermatt berührt der Glacier Express den Fuß des Gotthard-Massivs, erreicht schließlich mithilfe einer Zahnradstange den Oberalppass (2033 m), den höchsten Punkt der hochalpinen Trasse. Es geht vorbei an Disentis, weiter durch die Rheinschlucht und vorbei am ebenso grandiosen 65 m hohen Landwasserviadukt bei Filisur. Am Ende der Reise wartet der mondäne Kurort St. Moritz.
www.glacierexpress.ch

Dokumente aus der Frühzeit des Sommer- und Wintertourismus.

■ Dorfstr. 6, Mitte Dez.–April Di und Do 14.30–16.30, Juni–Okt. Di und Do 14.30–17 Uhr, 5 CHF, Kinder 2,50 CHF

43 Zermatt

9 *Malerisches Weltdorf am Matterhorn, dem »Berg der Berge«*

Information

■ Zermatt Tourismus, Bahnhofplatz 5, 3920 Zermatt, Tel. 02 79 66 81 00, www.zermatt.ch

Seinen Ruhm verdankt Zermatt dem Berg mit der markanten Spitze, dem zum Aushängeschild der Schweiz gewordenen Matterhorn (4478 m). Seitdem Bergfreunde aus aller Welt den faszinierenden Alpengipfel im 19. Jh. entdeckten, hat sich das am Fuß des Matterhorns auf 1616 m Höhe liegende Zermatt zu einem Bergsteigerzentrum und Wintersportplatz ersten Ranges gewandelt. Die Lebensader des autofreien Dorfs ist die Fußgängern, Pferdefuhrwerken und E-Mobilen der Hotels vorbehaltene Bahnhofstrasse. Zwischen Hotels, schicken Boutiquen und Souvenirläden konnte sich noch das eine oder andere traditionelle Walserhaus behaupten.

Sehenswert

Matterhorn Museum – »Zermatlantis«

| Museum |

Hier taucht man mit zahlreichen interessanten Exponaten in die Bergwelt vergangener Jahrhunderte ein. Die Sammlung informiert über die Ge-

schichte des Berges, seine Erstbesteigung und über Zermatt im 19. Jh.
■ Kirchplatz, www.zermatt.ch/museum, Juli–Sept. tgl. 11–18 Uhr, 10 CHF, Kinder (10–16 J.) 5 CHF

Verkehrsmittel

Gornergratbahn Gegenüber dem Bahnhof Zermatt liegt die Talstation der 1898 in Betrieb genommenen Zahnradbahn zum Gornergrat (3089 m) – eine der Bergbahnen der Schweiz, die ihren Fahrgästen beste Aussicht verschaffen. ■ www.gornergratbahn.ch, Berg- und Talfahrt ab 76 CHF

Parken

Für Kraftfahrzeuge endet die Anfahrt nach Zermatt auf den gebührenpflichtigen Parkplätzen und Parkhäusern im 5 km talabwärts gelegenen **Täsch**. Von dort verkehren Pendelzüge im 20-Minuten-Takt. ■ www.zermatt.ch/anreise, Pkw 15.50 CHF/Tag

Wandern

Zermatt Alpin Center Der Bergführerverein organisiert Hochgebirgstouren, etwa eine Exkursion zu den vereisten Wasserfällen der Gornerschlucht. ■ www.alpincenter-zermatt.ch

Sport

Matterhorn Ski Paradise Das Skigebiet umfasst insgesamt 360 Pistenkilometer. Dazu gehören die Gebiete Sunnegga/Rothorn, Gornergrat und Matterhorn Glacier Paradise sowie, auf italienischer Seite, die Gebiete Cervinia und Valtournenche. ■ www.matterhornparadise.ch

44 Leukerbad

Der Thermalkurort bietet würzige Bergluft und heiße Quellen

Information

■ My Leukerbad Tourist Information, Rathausstr. 8, 3954 Leukerbad, Tel. 02 74 72 71 71, www.leukerbad.ch

Die heißen Quellen des auf 1411 m Höhe liegenden und 1900 Einwohner zählenden Luft- und Thermalbadeorts Leukerbad waren bereits den Römern bekannt. Auch Johann Wolfgang von Goethe machte auf seiner Italienreise 1779 hier Station. Das kalziumsulfathaltige, 48–51 °C warme Wasser soll Rheuma- und Stoffwechselerkrankungen lindern. Heute verfügt Leukerbad mit 22 Freiluft- und Hallenbädern über ein beeindruckend breit gefächertes Wellness-Angebot.

Entspannung

Vier der Thermalbäder sind öffentlich, etwa die **Leukerbad-Therme** mit Sauna und Dampfbad oder die **Walliser Alpentherme** mit römisch-irischem Bad und Sauna. ■ www.leukerbad-therme.ch, tgl. 8–20 Uhr; www.alpentherme.ch, tgl. 8–20 Uhr

45 Crans-Montana

Die beliebte Ferienregion lockt Urlauber zum Skilaufen hoch über der Rhône

Information

■ Crans-Montana Tourisme, Rue du Prado 29, 3963 Crans-Montana, Tel. 08 48 22 10 12, www.crans-montana.ch

Crans-Montana (10 500 Einw.) nimmt in 1500 m Höhe ein sonniges Hochplateau über dem Rhônetal ein. Die Ferienregion entstand aus der Siedlung Crans-sur-Sierre und den Gemeinden Montana, Chemignon, Mollens und Randogne. Crans-Montana bietet Skivergnügen und Weite, für die manch einer sonst nach Kanada reisen würde. Die Region zählt heute zu den bedeutendsten Wintersportzentren des Wallis und ist eine feste Größe im internationalen Skizirkus.

Sport

Wintersport 24 moderne Seilbahnen und Lifte erschließen etwa 140 km präparierte Pisten. Außerdem hält Crans-Montana 15 Tourenski-Strecken (blau, rot und schwarz) auf mehr als 40 km gespurten und gesicherten Wegen bereit. ■ www.crans-montana.ch/de/randoparc

46 Sion (Sitten)

Kleine Bischofsstadt am Nordufer der Rhône mit großer Historie

Information

■ Office du Tourisme de Sion, Pl. de la Planta 2, 1950 Sion, Tel. 027 327 77 27, www.siontourism.ch

Zwischen zwei felsigen Hügeln mit mittelalterlichen Burgen liegt am Nordufer der Rhône das 29 300 Einwohner zählende Sion, die französischsprachige Kantonshauptstadt des Wallis. Die Stadt ist das traditionelle Zentrum des Wein- und Obstanbaus im fruchtbaren Rhônetal, seit 585 Bischofssitz und ein bedeutender Markt- und Handelsplatz. Dreh- und Angelpunkt der mittelalterlichen Altstadt ist die lang gestreckte Rue du Grand-Pont. In ihrer Mitte steht das 1657–65

Wahrzeichen von Sion ist die den Ort überragende Kirche Notre-Dame-de-Valère

erbaute Hôtel de Ville, das mit seiner Renaissancefassade und dem von einer astronomischen Uhr geschmückten Glockenturm zu den gefälligsten Rathäusern der Schweiz gehört.

Sehenswert

Cathédrale Notre-Dame-du-Glarier

| Kathedrale |

Ihr wuchtiger romanischer Glockenturm mit Kegelspitze geht auf das 12. Jh. zurück, das Schiff der Kathedrale Notre-Dame-du-Glarier wurde nach mehreren Bränden im 15. Jh. im spätgotischen Stil wieder aufgebaut. Im Portaltympanon befindet sich ein Fresko im Stil des norditalienischen Trecento; es zeigt die Mutter Gottes, umgeben von Stifterfiguren. Ein wahres Juwel ist der geschnitzte gotische Flügelaltar (1505) im Chor.

■ Rue de la Cathédrale 13

Notre-Dame-de-Valère

| Kirche |

Die Kirche Notre-Dame-de-Valère thront erhaben auf dem Valère-Burghügel. Die von hier oben gegebene Sicht und Kontrolle über die Weite des Rhône-Tals wussten alle Mächtigen, die je ins Wallis gelangt sind, sofort zu schätzen – weltliche wie geistliche. Valères Nachbarhügel Tourbillon krönte ab 1294 eine wehrhafte Bischofsburg. Von ihr sind jedoch nur noch Ruinen erhalten. Der Kirche Notre-Dame-de-Valère erging es besser: An ihrer romanischen Grundsubstanz hielt man sogar im 13. Jh. weitgehend fest, als Langhaus und Seitenschiff nach dem Vorbild der Kathedrale von Lausanne ergänzt wurden. Im Gotteshaus beeindruckt besonders das Gnadenbild, eine gotische Marmorstatue der Madonna mit Jesuskind (15. Jh.). Die von Peter Maggenberg bemalte Orgel (um 1420) gilt als eine der ältesten bespielbaren Orgeln der Welt.

■ Rue des Châteaux 14, Di–So 10–17, Juni–Sept. bis 18 Uhr

Parken

Gebührenpflichtige Stellplätze bieten in Sion drei Parkhäuser: **Parking de la Cible** (Zufahrt: Rue des Tonneliers), **Parking de la Planta** (l'Avenue de la Gare) und **Parking du Scex** (Rue du Scex). ■ 1. Std. frei, 3 CHF/weitere Std.

Restaurants

€€ | **Au Cheval Blanc** Zentrale Lage, Terrasse zur Flaniermeile, Fisch und Meeresfrüchte. ■ Rue du Grand-Pont 23, Tel. 027 322 18 67, www.au-cheval-blanc.ch, So, Mo geschl.

Events

Festival International de l'orgue ancien Seit mehr als 50 Jahren erklingt die Orgel in der Kirche Notre-Dame-de-Valère jeden Sommer im Rahmen des ihr zu Ehren veranstalteten Festivals. ■ Mitte Juli–Mitte Aug. jeden Sa 16 Uhr, 25 CHF, Kinder frei

47 Martigny

Kunststädtchen am Rhôneknie mit zeitüberspannenden Kulturattraktionen

Information

■ Martigny Tourisme, Av. de la Gare 6, 1920 Martigny, Tel. 027 720 49 49, www.martigny.com/de

Martigny (19 000 Einw.) ist der Knotenpunkt der Handelsrouten über die Pässe Simplon, Grosser Sankt Bernhard und Forclaz – eine profitable Schlüsselposition, die schon die Römer zu schätzen wussten. Die von Weinterrassen und Obstbäumen umgebene Kleinstadt liegt an der Mündung der Drance in die Rhône. Sie wird von der markanten Ruine der mittelalterlichen Bischofsburg La Bâtiaz überragt.

Sehenswert

Fondation Pierre Gianadda

| Museum |

Die Stiftung Pierre Gianadda ist die kulturelle Attraktion des Städtchens. Ihr postmoderner Betonbau umschließt Fundamente eines ehemaligen römischen Tempels. Außerdem finden hier ein Automobil- sowie ein Kunstmuseum mit wechselnden Ausstellungen hochkarätiger Künstler Platz. Im Gallo-Römischen Museum sind archäologische Funde aus der Region ausgestellt. Das Automobilmuseum schließlich lässt die Herzen von Oldtimer-Fans höher schlagen. Im weitläufigen Skulpturengarten der Stiftung (»Parc de la Fondation«) sind Arbeiten von Marc Chacall, Max Ernst, Joan Miró, Henry Moore, Auguste Rodin, Niki de Saint Phalle und Hans Arp zu entdecken.

■ Rue du Forum 59, www.gianadda.ch, Mitte Juni–Mitte Nov. tgl. 9–19, sonst tgl. 10–18 Uhr, 20 CHF, Kinder (bis 10 J.) frei

Barryland

| Museum und Hundezucht |

Hier dreht sich wirklich alles um Bernhardiner – und um ihre Welpen. Hintergrund: Die Fondation Barry hat die Zuchtstätte der berühmten Hospizhunde von den Augustiner-Chorherren am Alpenpass Grosser Sankt-Bernhard übernommen. Seither ist die Stiftung das Zuhause der ältesten Zucht des Schweizer Nationalhundes. Barryland – eigentlich Musée et Chiens du Saint-Bernard – zeigt im ersten Stock Exponate zum alten Pilgerweg, der vom englischen Canterbury nach Rom verlief, durchs Aostatal führte und einen Übergang über den Pass erforderlich machte. Etwa seit dem 17. Jh. wurden Bernhardiner beim Hospiz, der Herberge für die Pilger, gehalten. Sie halfen den Augustiner-Chorherren beim Aufspüren vermisster Pilger, die nicht an ihrem Ziel eingetroffen waren. Diese Einsätze der Chorherren und ihrer kraftvollen Rettungshunde werden im Museum mit Dioramen, Fotografien und durch einen interessanten Film dokumentiert. Erdgeschoss und Außengehege des Museums dienen der Hundezucht und -haltung. Zwei bis dreimal im Jahr kommen Welpen zur Welt – worüber Barryland in den sozialen Netzwerken informiert. Die öffentliche Fütterung der älteren Hunde findet täglich um 17.15 Uhr statt.

■ Fondation Barry du Grand-St-Bernard, Rue du Levant 34, http://fondation-barry.ch, tgl. 10–18 Uhr, 12 CHF, Kinder (bis 8 J.) frei

Gefällt Ihnen das?

An den knuffigen Bernhardiner-Welpen im Barryland können sich Ihre Kinder gar nicht sattsehen? Dann planen Sie doch auch einen Abstecher in **Knies Kinderzoo** in Rapperswil (S. 43) mit Streichelzoo oder in den **»Kinderzolli«**, das Streichelgehege des Basler Zoos, (S. 20) ein.

Das Château de Chillon nimmt einen Logenplatz am Genfersee ein

48 Montreux

Weltberühmtes Musik-Mekka am Nordufer des Genfersees

Information

■ Montreux-Vevey Tourisme, Pl. de l'Eurovision, 1820 Montreux, Tel. 08 48 86 84 84, www.montreuxriviera.com

Montreux (27000 Einw.) nimmt am sonnigen Nordufer des Lac Léman (Genfersee) einen mediterranen Logenplatz ein. Seine Uferpromenade wird über mehrere Kilometer von tropischen und subtropischen Pflanzen überreich geschmückt. Das überschaubare Städtchen besitzt markante Fin-de-Siècle-Hotels, teure Privatkliniken und renommierte Pensionate für höhere Töchter in jeweils beeindruckend hoher Konzentration. Dem alljährlichen Line-Up von Spitzenmusikern während des Montreux Jazz Festival im Juli ist es zu verdanken, dass die Stadt Musikliebhaber in allen Teilen der Welt kennen. Das Montreux Jazz Festival gibt es seit 1967. In den 1990er-Jahren zählten Miles Davis und Quincy Jones zu Montreux' Dauergästen. Die Band Queen unterhielt hier ein Tonstudio. Die blutjunge Sade hatte hier Anfang der 1980er ihren sensationellen Durchbruch, und Prince begeisterte hier 2007, 2009 sowie im Juli 2013.

■ www.montreuxjazzfestival.com

Sehenswert

Château de Chillon

| Schloss |

Die Grafen von Savoyen ließen dieses Wasserschloss auf einer Felsinsel nahe am Seeufer erbauen. Heute zählt das Château de Chillon zu den meistbesuchten Schlössern der Schweiz. Die meisten Touristen zieht es zu den dunklen Verliesen und Folterkammern, die durch den englischen Dich-

Im Blickpunkt

Claude Nobs – der »Macher« des Montreux Jazz Festivals

Claude Nobs (1923–2013), Mitbegründer und langjähriger Leiter des Montreux Jazz Festivals, baute »sein« Festival als stellvertretender Tourismusdirektor von Montreux schnell zur international beachteten Veranstaltung aus. Er unterhielt enge Bande zu vielen weltbekannten Musikern und Promotern. Als Schweizer Direktor des Plattenlabels WEA (Warner, Elektra, Atlantic) nutzte er seinen Einfluss für Montreux: Vor allem bei Atlantic standen Stars wie Ella Fitzgerald oder Sonny Rollins unter Vertrag, die fortan im Sommer an den Genfersee statt in die Schweizer Großstädte pilgerten, um ihre Konzerte zu geben. Claude Nobs war gelernter Koch und wusste um die Attraktivität der Waadtländer Spitzengastronomie. Er soll mehr als nur einen Musikstar im Rahmen eines opulenten Mahls für Montreux gewonnen haben. Nobs verunglückte im Dezember 2012 beim Skilanglauf in Caux, oberhalb von Montreux, und erwachte nicht mehr aus dem Koma.

ter Lord Byron (1788–1824) schaurig berühmt wurden. Dieser verewigte 1816 die Burg in seiner Ballade »Der Gefangene von Chillon«, die vom Schicksal des reformerischen Genfer Priors François Bonivard inspiriert war, der hier sechs Jahre eingekerkert ausharren musste.

■ Av. de Chillon 21, Veytaux, www.chillon.ch, tgl. geöffnet, 12,50 CHF, Kinder (6–15 J.) 6 CHF

Restaurants

23 **€€€ | Le Pont de Brent** Spitzen-Restaurant von Stéphanie und Stéphane Décotterd. Die grandiosen 7- und 9-Gänge-Menüs kann man sich erst vorstellen, wenn man sie wenigstens einmal genossen hat. Diese sollen (schon unter dem legendären Chef Gérard Rabaey) – so zumindest das Gerücht – auch viele Musiker für Montreux eingenommen haben. ■ 1817 Brent (4 km oberhalb von Montreux), Tel. 02 19 64 52 30, www.lepontdebrent.ch, So, Mo geschl., eine Reservierung ist erforderlich

Cafés

Confiserie Zurcher Tradionsreiche familiengeführte Konditorei und Café mitten in Montreux. Amuse-Gueule, Gebäck, Torten und edle Pralinés. ■ Av. du Casino 45, Tel. 02 19 63 59 63, www.confiserie-zurcher.ch, Mo geschl.

Kinder

Swiss Vapeur Parc Die Fahrt in den Dampfzügen dieser Miniatureisenbahn im Maßstab 1:4 lässt die Herzen der ganz Jungen wie der Junggebliebenen höherschlagen. ■ Route de la Plage, Le Bouveret (15 km südwestl. von Montreux), www.swissvapeur.ch, Mitte März–Anf. Nov. tgl. 10–18 Uhr, 17 CHF, Kinder (3–15 J.) 14 CHF

In der Umgebung

Chaplin's World

| **Museum** |

Stummfilmstar Charlie Chaplin hat am Genfersee seinen Lebensabend verbracht. Seit kurzer Zeit steht das ehemalige Familienanwesen der Chaplins nun auch Besuchern offen. Die Ausstellung stellt Künstler wie Privatperson gleichermaßen vor.

■ Route de Fenil 2, Corsier-sur-Vevey, www.chaplinmuseum.com, tgl. 10–18 Uhr, 25 CHF, Kinder (bis 16 J.) 18 CHF

Lavaux

| **Weinbaugebiet** |

10 *Landschaftlich schöner lässt sich Wein kaum anbauen*

Die steilen Weinterrassen des Waadtländer Weinbaugebiets Lavaux haben Mönche bereits im 12. Jh. angelegt. Die Rebhänge zwischen Vevey und Lausanne haben heute ihren Platz auf der Liste des UNESCO-Weltkulturerbes – nicht zuletzt auch wegen der hier gelebten Harmonie zwischen den Weinbauern und der Natur. Auf den Hängen gedeihen Chasselas, Pinot Noir und andere Weinsorten – in den Export gelangt kaum ein Tröpfchen, die Schweizer schätzen den guten Wein selbst. Im Herbst ist ein Abstecher in die dann farblich besonders schönen Weinberge geradezu ein Muss. Vom Bahnhof Chexbres aus gibt es viele Spazierwege durch die großartigen, steilen Weinterrassen, von denen man den Lac Léman und die Savoyer Alpen nie aus dem Blick verliert.

49 Lausanne

Universitätsstadt und Kantonshauptstadt der Waadt mit Pariser Lebensart

Information

■ Lausanne Tourisme, Pl. de la Gare 9, 1003 Lausanne, Tel. 02 16 13 73 73, www.lausanne-tourisme.ch

Die Erkundung der liebenswerten kleinen Universitätsstadt Lausanne (139 000 Einw.) verlangt etwas Kondition, denn der Ortskern erstreckt sich über drei Hügel, die teils durch steile Treppen, teils durch Brücken verbunden sind. Die für Autos größtenteils gesperrte Altstadt hoch über dem Genfersee entpuppt sich als ein Labyrinth aus verwinkelten Gassen. Genfersee sagen übrigens nur die Genfer. Im Kanton Waadt heißt er Lac Léman.

Sehenswert

Cathédrale Notre-Dame

| **Kathedrale** |

Das frühgotische Gotteshaus ist schon sehr lange das Wahrzeichen von Lausanne. Geweiht wurde die dreischiffige Kathedrale mit ihren fünf Türmen bereits im Jahr 1275.

■ Pl. de la Cathédrale, www.cathedrale-lausanne.ch, Turmbesteigung 5 CHF, Kinder (bis 16 J.) 2 CHF

ADAC *Mittendrin*

Zwischen 22 und 2 Uhr kann man einer noch heute gepflegten alten Tradition beiwohnen: Der **Nachtwächter** ruft vom 75 m hohen Mittelturm der Kathedrale zu jeder vollen Stunde die Zeit aus.

Musée Olympique

| Museum |

24 *Hier werden historische Sportmomente wieder lebendig*

Mit modernster Technik wird auf einer Ausstellungsfläche von mehr als 3000 m² die Geschichte der Olympischen Spiele und ihrer Sportarten von der Antike bis heute präsentiert, zahlreiche interaktive Displays ziehen auch junge Besucher in ihren Bann. ■ Quai d'Ouchy 1, www.olympic.org/museum, Mai–Mitte Okt. tgl. 9–18, Mitte Okt.–Ende April Di–So 10–18 Uhr, 18 CHF, Kinder (6–16 J.) 10 CHF

Verkehrsmittel

Metro Die Nord-Süd-Verbindung zwischen Seeufer, Bahnhof und Innenstadt (Flon) bis nach Epalinges-Croisettes stellt eine vollautomatische Metrolinie sicher. ■ www.t-l.ch, Billet court parcours (30 Min. gültig) 2,30 CHF

Compagnie Générale de Navigation (CGN) Von Lausannes Hafen Ouchy verkehren Linienschiffe zu allen größeren Häfen am Genfersee. ■ Av. de Rhodanie 17, www.cgn.ch.

Restaurants

€ | **Café Romand** Mischung aus Café, Brasserie und Restaurant. Preiswerte Tagesgerichte. ■ Pl. Saint-François 2, Tel. 02 13 12 63 75, www.cafe-romand.ch, So geschl.

ADAC *Spartipp*

Mit der **Lausanne Transport Card,** die Übernachtungsgäste erhalten, die in Lausanne eine Kurtaxe entrichten, sind die Metro-Fahrten kostenfrei.

Cafés

Culture Café Lebhafter, zwangloser Ort, um hervorragend zubereiteten Kaffee zu trinken. ■ Rue de Genève 6, Tel. 02 12 13 85 47, tgl. 9–18 Uhr

50 Genf (Genève)

Seemetropole zwischen calvinistischer Ethik und weltoffener Diplomatie

Information

■ Genève Tourisme, Rue du Mont-Blanc 18, 1201 Genf, Tel. 02 29 09 70 00, www.geneve.com

Ein ähnlich internationales Flair wie Genf (200 000 Einw.) besitzt kaum eine andere Schweizer Stadt. Nur ungefähr die Hälfte der Einwohner sind gebürtige Genfer. Hier haben nicht weniger als 200 internationale Organisationen und diplomatische Vertretungen ihren Sitz. Dadurch wirkt die Stadt, die den Südwestzipfel des Genfersees umschließt, fast wie eine Metropole – wenn auch eine recht kleine. Genf ist anziehend, elegant – und reich. Von den gepflegten Uferpromenaden mit ihren Grünflächen und Gärten genießt man einen fantastischen Blick auf die Savoyer Alpen am gegenüberliegenden französischen Ufer.

Weltbewegende Impulse gingen 1536 von Genf aus, als der Theologe Jean Calvin (1509–64) seine Heimatstadt zu einer Hochburg der Reformation ausrief. Ihre Anhänger wurden in den katholisch orientierten Ländern und Regionen meist gnadenlos verfolgt. Tausende protestantische Flüchtlingen fanden in Genf Zuflucht, unter ihnen gut ausgebildete französische

Hugenotten, die als Bankiers, Uhren- und Textilfabrikanten Genf zu einer prosperierenden Handelsmetropole und einem der bedeutendsten Finanzplätze Europas machten. Als erster bedeutender Verband ließ sich 1863 das Rote Kreuz in der Seemetropole nieder. Diesem Beispiel folgten viele internationale Organisationen, u.a. 1919 der Völkerbund, den die UNO abgelöst hat, deren europäisches Zentrum sich seit 1946 Genf befindet.

Sehenswert

Vieille Ville

| Altstadt |

Einen Teil der historischen Altstadt von Genf nimmt die Rhône-Insel Île Rousseau ein. Diese und die beiden Flussufer verbindet der Pont des Bergues. Knapp 100 m flussabwärts folgen die beiden parallel verlaufenden Brücken Ponts de l'Île. Zwischen ihnen erhebt sich auf einer weiteren Rhône-Insel die mittelalterliche Tour de l'Île, die im 13. Jh. Teil der Stadtbefestigung war. Südwärts, am linken Rhône-Ufer, sind die Rue de la Cité und ihre Verlängerung, die Grand-Rue, Fußgängerzone. Diese wird von schmucken Patrizierhäusern aus dem 15.–18. Jh. gesäumt.

Cathédrale de St-Pierre

| Kathedrale |

Auf dem höchsten Punkt des Altstadthügels erhebt sich die romanisch-gotische St.-Peter-Kathedrale (1150–1232 errichtet), die auf einen römischen Marstempels und drei Vorgängerkirchen (4. Jh.) zurückgeht. Ein 1895 auf die Vierung gesetzter metallener Spitzturm überragt die zwei quadratischen Kirchtürme aus dem 13. Jh. Von oben bietet sich ein herrlicher Blick.

Genfs weithin sichtbares Wahrzeichen: die bis zu 140 m hohe Fontäne Jet d'Eau

■ Pl. du Bourg-de-Four 24, www.cathedrale-geneve.ch, Turmbesteigung 5 CHF, Kinder (bis 16 J.) 2 CHF

Musée d'art et d'histoire

| Kunstmuseum |

Die kunst- und kulturhistorische Sammlung umfasst mehr als eine halbe Million Exponate, angefangen bei steinzeitlichen Funden, Keramik und antikem Schmuck bis hin zu zeitgenössischer Malerei.

■ Rue Charles-Galland 2, www.ville-ge.ch/mah, Di–So 11–18 Uhr, Eintritt frei (Dauerausstellung)

Bains des Pâquis

| Freibad |

Genfs beliebtester Bade-Treffpunkt ist gleichzeitig ein Baudenkmal. Das heutige Bad entstand 1931 im Bauhausstil vor dem Pâquis-Ufer. 1988 sollte es

Im Blickpunkt

Henry Dunant – der erste Friedensnobelpreisträger

Seine schockierenden Kriegserlebnisse hielt Jean-Henri Dunant (1828–1910) in seinem selbstverlegten Buch »Eine Erinnerung an Solferino« fest. Er machte darin 1862 die katastrophale Situation von Verwundeten nach einer Schlacht zwischen den Truppen Österreichs, Sardinien-Piemonts und Frankreichs der breiten Bevölkerung bewusst. Nur ein Jahr später kam es in Genf zur Gründung des Internationalen Komitees der Hilfsgesellschaften für die Verwundetenpflege, das heute den Namen Internationales Komitee vom Roten Kreuz (IKRK) trägt. Der am Ende seines Lebens verarmte Henry Dunant wird heute als Begründer der Internationalen Rotkreuz- und Rothalbmond-Bewegung in Ehren gehalten. 1901 erhielt er für seine Lebensleistung zusammen mit dem französischen Pazifisten Frédéric Passy den ersten Friedensnobelpreis. Ein Denkmal zu Ehren Henry Dunants wurde in Genf erst 1963 errichtet – zum 100. IKRK-Jubiläum.

wegen Korrosion abgetragen und erneuert werden. Benutzer und Anwohner wehrten sich erfolgreich gegen das Vorhaben und lieferten den Nachweis, dass eine Reparatur der Stützpfeiler möglich ist. Ihr Verein führt die Bains des Pâquis seit 1995 in eigener Regie. ■ Quai du Mont-Blanc 30, www.bains-des-paquis.ch, tgl. geöffnet (je nach Wetter), 2 CHF, Kinder (bis 16 J.) 1 CHF

Verkehrsmittel

Compagnie Générale de Navigation (CGN) Schauffelraddampfer der CGN verkehren von Genf u. a. nach Lausanne und Montreux. ■ Quai du Mont-Blanc, www.cgn.ch

Parken

Vor allem Dauerparken ist in Genfs Innenstadt extrem teuer. Zentral gelegen sind die **Parkhäuser** Mont Blanc am Quai du Général-Guisan (1,5 Std. 4 CHF, 69 CHF/Tag, 40 CHF/2. Tag) und das Rive-Centre am Boulevard Helvétique 31bis (1,5 Std. 4 CHF, 130 CHF 2 Tage).

Restaurants

€€ | **Brasserie la Genevoise** Zweierlei Mittags-Menüs, Burger und Choûcroute garni (Sauerkrautgericht), Salate, Fisch, Fleisch und Fondue. ■ Blv. Helvétique 27, Tel. 022 735 16 15, http://www.labrasseriegenevoise.ch, So geschl.

Cafés

Chou Moderne Interpretation des Themas Café: Cappuccino macchiato, Tees, Gebäck und frisch gepresste Säfte. ■ Rue des Eaux-Vives 79, Tel. 022 535 79 66, www.chougeneve.ch, tgl. 9–18 Uhr

Übernachten

Hochgebirge und Gletscher im Wallis, terrassierte Rebflächen und sonnige Seeufer in der Westschweiz – die landschaftliche Vielfalt beider Regionen spiegelt sich auch in der Architektur der Hotellerie wider: Die Auswahl reicht von hochalpinen Chalets bis zu prächtigen Belle-Époque-Palästen. Knapp werden Hotelbetten bei Veranstaltungen mit überregionaler Zugkraft, etwa während des Montreux Jazz Festivals (erste Julihälfte) oder in der Messestadt Genf beim Internationalen Automobil-Salon (im März).

Brig 108

€€ | **Ambassador** Familiengeführtes Traditionshotel in zentraler, aber ruhiger Lage, Sterne-Restaurant, behindertengerechte Ausstattung, WLAN und Parkplätze gratis, Haustiere erlaubt. ■ Saflischstr. 3, 3900 Brig, Tel. 027 922 99 00, www.ambassador-brig.ch

€€ | **Grimsel Passhöhe** Hotel in spektakulärer Lage in der Bergeinsamkeit. Auf 2164 m Höhe am Pass vom Berner Haslital nach Goms im Wallis laden 15 moderne Zimmer zur Übernachtung ein. Mit Restaurant und Seeterrasse in weiter Gebirgslandschaft. WLAN und Parkplätze kostenlos. Passstraße von Mitte Juni bis Anf. Okt. geöffnet; das Hotel ist im Winter auch per Pistenraupe erreichbar. ■ Grimselpass, 3999 Oberwald (ca. 40 km nordöstl. von Brig), Tel. 03 39 73 11 37, www.hotel-grimselpass.ch

Saas-Fee 109

€ | **Amber Ski-in/out** Behagliche, mit viel Holz ausgestattete Zimmer, auch

ADAC *Das besondere Hotel*

Mit viel Glas, einheimischem Lärchenholz und einer atemberaubenden Aussicht aufs Matterhorn möchte das **Suitenhotel Pirmin Zurbriggen** den Gästen die Natur ins Haus bringen. Gastgeber ist Abfahrts-Olypiasieger Pirmin Zurbriggen. Im Winter besteht bei günstiger Witterung gelegentlich die Möglichkeit, einige Schwünge mit dem Ski-Crack zu machen. Ins Ortszentrum gelangt man in ca. 10 Min.
€€€ | Schluhmattstr. 68,3920 Zermatt, Tel. 027/966 38 38, http://zurbriggen.ch/zermatt

Familienzimmer. Haustierfreundliche Unterkunft mit kostenfreiem WLAN und direktem Zugang zu den Skipisten. Freie Nutzung des Spa. ■ Gletscherstr. 2, 3906 Saas-Fee, Tel. 02 75 30 06 68, www.amberhotel.ch

Sion 112

€€ | Du Rhône Geräumige Zimmer, Restaurant, kostenlose WLAN-Nutzung, 500 m vom Bahnhof, Autos können auf den Pkw-Stellplätzen in der Tiefgarage Étoile/Coop unter dem Hotel geparkt werden. Haustiere gestattet. ■ Rue du Scex 10, 1950 Sion, Tel. 02 73 22 82 91, www.durhonesion.ch

Montreux 115

25 **€ | Trala Hotel** Im oberen Ortsteil von Montreux gelegenes, betont modernes und ganz im Zeichen populärer Musik eingerichtetes Hotel, das sich als eine Hommage an das Montreux Jazz Festival versteht. Die Unterkunft, die 35 Zimmer und Suiten bietet, zieht viele internationale Gäste an. ■ Rue du Temple 2, 1820 Montreux, Tel. 02 19 63 49 73, www.tralalahotel.ch

€€ | Auberge de la Gare Im Weinbaugebiet Lavaux vor der Haustür von Montreux gelegen. In den fünf Doppelzimmern suchen zahlreiche Biker Quartier. Das Hotel ist entsprechend auf Biker spezialisiert, Vermietung von zwei E-Bikes, Restaurant. ■ Rue de la gare 1, 1091 Grandvaux (ca. 25 km westl. von Montreux), Tel. 02 17 99 26 86, www.aubergegrandvaux.ch

€€ | Suisse Majestic Das Belle-Époque-Hotel wurde 1870 vom Schweizer Architekten Eugène Jost realisiert, gegenüber des (ebenfalls von ihm entworfenen) Bahnhofs. Grill-Restaurant, Terrasse mit grandiosem Blick auf den Genfersee. ■ Av. des Alpes, 1820 Montreux, Tel. 02 19 66 33 33, http://brhhh.com

Lausanne 117

€ | Bellerive Familiäres Hotel zwischen dem Zentrum von Lausanne und dem Genfersee gelegen. 38 Zimmer, kostenlose WLAN-Nutzung, Fitnessraum und Sauna. Kostenpflichtige Parkplätze. Das Seebad Bellerive-Plage ist nur 0,5 km entfernt. ■ Av. de Cour 99, 1007 Lausanne, Tel. 02 16 14 90 00, www.hotelbellerive.ch

€ | Hotel Elite Lausanne Das Boutique-Hotel, untergebracht in einem charmanten Gebäude aus dem Ende des 19. Jh., verfügt über 33 Zimmer und kostenlose Parkplätze. Zentral, aber dennoch ruhig in einem Wohnviertel gelgen. ■ Av. Sainte-Luce 1, 1003 Lausanne, Tel. 02 13 20 23 61, www.elite-lausanne.ch/de

Genf 118

€ | Hotel Pâquis Designhotel mit 56 modernen Zimmern in zentrumsnaher Lage. 1,6 km vom Jet d'Eau, 0,8 km vom Bahnhof entfernt. Wellnessbereich mit Whirlpool und Sauna. ■ Rue de Berne 31, 1201 Genf, Tel. 02 25 52 90 95, www.9-hotel-geneve-paquis.ch

€ | Strasbourg In kurzer Gehdistanz zum Genfer Hauptbahnhof und zum See gelegen, 55 modern eingerichtete Nichtraucherzimmer, Gratis-WLAN. Kostenpflichtiges Parkhaus in 60 m Distanz. ■ Rue Pradier 10, 1201 Genf, Tel. 02 29 06 58 00, http://fassbindhotels.ch/fr/hotel/strasbourg

ADAC *Service Schweiz*

Beim **ADAC Infoservice**, in den **ADAC Geschäftsstellen** sowie auf dem **Internetportal des ADAC** (adac.de) erhalten Sie Informationen zu den Dienstleistungen des Automobilclubs und zu Ihrem Reiseziel. Als **ADAC Mitglied** können Sie zudem die kostenlosen **ADAC TourSets® Bern/Berner Land, Graubünden, Tessin/Oberitalienische Seen, Wallis, Westschweiz, Zentralschweiz** und **Zürich** mit vielen Reiseinfos und Karten anfordern oder die **TourSet App** auf dem **Smartphone** oder **Tablet-PC** installieren (adac.de/toursetapp).
Rufen Sie bei Notfällen und Pannen den **ADAC Notruf** bzw. den **ADAC Auslandsnotruf** an. Unser Team steht Ihnen rund um die Uhr zur Verfügung.

ADAC Infoservice

Tel. 0 800/510 11 12
Infos zu allen ADAC Leistungen
(Mo–Sa 8–20 Uhr, gebührenfrei)

ADAC Notruf Deutschland

Tel. 0 180/222 22 22
(24 Std., ca. 6 ct/Anruf, max. 42 ct/Min. aus deutschem Mobilfunknetz)

ADAC Notruf Mobil-Kurzwahl

Tel. 22 22 22
(Gebühren variieren je nach Netzbetreiber)

ADAC Auslandsnotruf

Tel. +49/89/22 22 22
(Gebühren variieren je nach Netzbetreiber und Land)

Internet-Serviceangebote des ADAC für Ihre Reiseplanung

Service	**Webadresse**
Aktuelle Verkehrslage	adac.de/verkehr
ADAC Routenplaner	adac.de/maps
Infos zu Tankstellen und Spritpreisen	adac.de/tanken
Infos zu mautpflichtigen Strecken	adac.de/maut
Infos zu Fährverbindungen	adac.de/faehren
ADAC TourMail (Aktuelle Infos vor Anreise)	adac.de/tourmail
Informationen für Camper	adac.de/camping
Informationen für Motorradfahrer	adac.de/motorrad
Informationen für Segler und Skipper	adac.de/sportschifffahrt
ADAC Reiseangebote	adacreisen.de
ADAC Autovermietung	adac.de/autovermietung
ADAC Versicherungen für den Urlaub	adac.de/versicherungen
Weltweite Preisvorteile für ADAC Mitglieder	adac.de/vorteile-international

Diese **Produkte des ADAC** könnten Sie interessieren: **ADAC Reiseführer Bodensee, ADAC Reiseführer Oberitaliensche Seen** und **ADAC Campingführer Südeuropa** – erhältlich im Buchhandel, bei den ADAC Geschäftsstellen und in unserem ADAC Online-Shop (adac.de/shop).

Anreise und Einreise

Auto

Deutschland und die Schweiz sind über die Autobahnen Karlsruhe–Basel (A 5) und Stuttgart–Schaffhausen (A 81) verbunden. Mehrere Grenzübergänge verbinden Österreich und die Schweiz zwischen dem Bodensee und Liechtenstein (nicht alle sind 24 Stunden geöffnet).

Die wichtigste Alpentransitroute führt von der Zentralschweiz durch den Gotthardtunnel ins Tessin. Dieser ist besonders in der Hauptsaison ebenso wie an Wochenenden mit Brückentagen extrem stark befahren. Alternativ erreicht man von Bern aus über Kandersteg (BLS-Autoverladung, Dauer: 15 Min., Online-Tickets ab 25 CHF, oneway) durch den Lötschberg-Tunnel das Wallis und über den Simplonpass das Tessin.

Von Österreich, den östlichen Bundesländern und Bayern aus führt die Autobahn von München über Bregenz (Achtung: Korridor-Vignette für Österreich nötig) und St. Gallen mit Weiterfahrt nach Chur (Graubünden) und durch den San-Bernardino-Tunnel nach Bellinzona (Tessin). Ins Unterengadin (Graubünden) gelangt man über Davos und den Flüelapass oder via Klosters durch den Vereina-Tunnel (RhB-Autoverladung, Dauer: 18 Min., Tickets an der Verkaufsstelle bei der Autoverladung, ab 38 CHF, oneway).

Aktuelle Infos zu Straßenlage, Passübergängen, Tunnel und Bauarbeiten bieten ADAC (www.adac.de/reise-freizeit unter Verkehr) sowie TCS (www.tcs.ch unter Verkehrslage) und für Graubünden unter www.strassen.gr.ch (unter Strasseninfos, Schnellinfo mittels Karte).

Autofähre

Den Bodensee zwischen Friedrichshafen und Romanshorn überqueren ganzjährig (bei Tageslicht im Stundentakt) Autofähren. Informationen unter www.bsb.de

Bahn

Von Deutschland und Österreich aus bestehen sehr gute ICE- und EC-Verbindungen in die Schweiz.

Deutsche Bahn, Tel. 01806/99 66 33, www.bahn.de

Österreichische Bundesbahn, Tel. 05 17 17, www.oebb.at

Schweizerische Bundesbahnen, Tel. 0900 300 300, www.sbb.ch

Bus

Für die Anreise mit dem **Bus** lohnt es sich, das Portal www.busliniensuche.de zu besuchen, das alle Fernbusanbieter und Bahnen vergleicht.

Flugzeug

Von den internationalen Flughäfen der Schweiz sind Zürich, Basel und Genf die wichtigsten. Diese drei Airports werden von mehreren deutschen und österreichischen Städten mehrmals täglich angeflogen.

Flughafen Zürich, Tel. 04 38 16 22 11, www.flughafen-zuerich.ch. Der bei Kloten, 13 km außerhalb des Stadtzentrums gelegene Flughafen ist mit Zug, S-Bahn (S 2, S 16) oder Bus erreichbar.

EuroAirport Basel-Mulhouse-Freiburg, Tel. 06 13 25 31 11, www.euroairport.com. Die Buslinie 50 verbindet den nordwestlich der Stadt gelegenen Flughafen mit dem Basler Hauptbahnhof.

Genève Aéroport, Tel. 02 27 17 71 11, www.gva.ch. Mit dem alle 12 Minuten verkehrenden Zug erreicht man die

Genfer Innenstadt in nur 6 Minuten. Busse ins Zentrum verkehren alle 8–15 Minuten.

Einreise und Dokumente

Reisende aus Deutschland und Österreich brauchen einen gültigen Personalausweis oder Reisepass, Kinder unter 12 Jahren benötigen einen Kinderreisepass. Reisedokumente von Nicht-EU-Bürgern müssen noch 90 Tage nach Ausreise aus der Schweiz gültig sein und in den letzten 10 Jahren ausgestellt worden sein.

Auto und Straßenverkehr

Führerschein und Papiere

Führerschein und Zulassungsbescheinigung 1 (vormals Fahrzeugschein) sind mitzuführen. Die Mitnahme der Internationalen Grünen Versicherungskarte wird empfohlen.

Straßennetz und Sicherheit

Das Autobahn- und Straßennetz der Schweiz ist dicht und in der Regel in erstklassigem Zustand. Fahrerische Umsicht erfordern die gewundenen Gebirgsstraßen in den Alpen. Über Befahrbarkeit und winterliche Sperrungen der Alpenpässe informiert das Portal des Touring Clubs Schweiz (www.tcs.ch) sowie der Interessengemeinschaft Alpenpässe (www.alpen-paesse.ch).

Verkehrsvorschriften

Schneeketten sind auf manchen Passstraßen bei entsprechender Witterung Pflicht, in längeren Tunnels aber nicht erlaubt. Auf engen **Passstraßen** hat das von unten kommende Fahrzeug Vorfahrt. Telefonieren während der Fahrt ist nur mit **Freisprechanlage** erlaubt. Die **Promillegrenze** liegt bei 0,5, Führerscheinneulinge dürfen in den ersten drei Jahren die 0,1-Promille-Grenze am Steuer nicht überschreiten. Für Fahrer und Beifahrer von Motorrad,Gespannen und offenen drei- oder mehrrädrigen Kraftfahrzeugen ohne Sicherheitsgurte sind in der Schweiz **Helme** vorgeschrieben, ebenso für die Fahrer von Mofas und E-Bikes mit Tretunterstützung. Warnwesten, Warndreieck und Verbandkasten sind nicht obligatorisch, werden aber empfohlen. Autofahrer müssen in der Schweiz auch tagsüber das **Licht** einschalten.

Tempolimits

	Pkws, Motorräder und Wohnmobile unter 3,5 t	Gepanne	Wohnmobile über 3,5 t
Autobahnen	max. 120 km/h	max. 80 km/h	max. 100 km/h
Schnellstraßen	max. 100 km/h	max. 80 km/h	max. 100 km/h
Innerorts	max. 50 km/h	max. 50 km/h	max. 50 km/h

Pkw mit Anhänger dürfen auf Autobahnen nur max. 100 km/h fahren **Höchstgeschwindigkeite**n werden in der Schweiz genau kontrolliert und deren Überschreitung drakonisch bestraft. Detaillierte Infos: www.ch.ch/de/geschwindigkeitsueberschreitungen

Tanken

Das Tankstellennetz in der Schweiz ist dicht, von den Alpenpässen einmal abgesehen. Überall angeboten werden bleifreies Benzin und Diesel. Alle Kraftstoffe sind in der Schweiz etwas teurer als in Deutschland und Österreich. Ein Verzeichnis öffentlicher Ladestationen für Elektrofahrzeuge finden Sie unter http://e-mobile.ch/de/oeffentliche-ladestation-finden.

Parken

In den Innenstädten und urbanen Ballungsräumen der Schweiz sind Parkplätze generell rar. Vereinzelt helfen Parkleitsysteme einen Pkw-Stellplatz zu finden. In Städten mit sog. Blauen Zonen ist das Parken nur mit Parkscheibe (Schild »Parkieren mit Parkscheibe« beachten) erlaubt.

Maut

Schweizer Autobahnen und weißgrün ausgeschilderte Schnellstraßen sind gebührenpflichtig. Die Vignette gilt für ein Jahr, kostet derzeit 36,50 € und muss deutlich sichtbar an der Windschutzscheibe angebracht werden. Vignetten sind bei ADAC-Geschäftsstellen, an Grenzübergängen und an grenznahen BAB-Tankstellen erhältlich.

Unfall

Nach einem Unfall sollten Sie sofort anhalten, die Unfallstelle absichern und gegebenenfalls Erste Hilfe leisten. Bei jedem Personenschaden müssen Sie zwingend die Polizei verständigen. Notruf: 112, Polizei: 117, Ambulanz: 144, Feuerwehr: 118.

Die Notrufzentrale des ADAC erreichen Mitglieder bei Fahrzeugpannen und Unfällen unter folgender Nummer: Tel. 0049/89/22 22 22.

Unbedingt Kennzeichen, Namen und Anschrift von Fahrern und Haltern der beteiligten Fahrzeuge sowie deren Haftpflichtversicherung und Versicherungsnummer notieren. Außerdem Name von (möglichst neutralen) Unfallzeugen festhalten und die Unfallstelle am besten fotografieren. Unterzeichnen Sie keine Schriftstücke, deren Inhalt Ihnen nicht oder nur teilweise verständlich ist.

Verkehrsschilder

Die Verkehrsschilder in der Schweiz sind mit denen der EU weitgehend identisch.

Barrierefreies Reisen

Die Schweiz ist auf Touristen mit Mobilitätseinschränkungen gut eingestellt. Mit dem Rollstuhlzeichen gekennzeichnete **Parkplätze** sind vorhanden. Eine moderne **Mietwagen-Flotte,** die auf die Bedürfnisse von Rollstuhlfahrern und ihren Begleitpersonen ausgelegt ist, hält Europcar (www.europcar.ch) vor. Für Menschen mit Handicap bestehen Fahrdienste. Ein- und Ausstiegshilfen für Blinde, Seh- und Geistigbehinderte sowie für Rollstuhlfahrer stellen die Schweizerischen Bundesbahnen (SBB) an 170 Stützpunktbahnhöfen zur Verfügung. Reservierungen sind innerhalb der Schweiz unter der Rufnummer 0800/00 71 02 (gratis) spätestens eine Stunde vor Abfahrt des Zuges erforderlich. Für **Bahn-Passagiere,** die zusätzliche Hilfe am Bahnhof benötigen, gibt es die SOS Bahnhofshilfe, die an allen größeren Bahnhöfen stationiert ist.

Die Schweiz bietet gut ausgestattete rollstuhlgerechte **Hotels** und ein großes **Freizeitangebot** für Personen mit Handicap. Ein Verzeichnis von Ferienzentren, die auf Rollstuhlreisen spezialisiert sind, finden Sie hier: www.behindertenreisen.de/objekte/laender/schweiz/

Festivals und Events

Januar

Festival International de Ballons (Château d'Oex, www.festivaldeballons.ch, Ende Januar) – Heißluftballons schweben über die schneeweiße Landschaft, Lichtspektakel.

Februar/März

Basler Morgestraich (Basel, www.fasnacht.ch) – Um Schlag 4 Uhr morgens, am Montag nach Aschermittwoch, ist der Auftakt der Basler Fasnacht. Bis zu 20 000 maskierte Karnevalisten und Guggenmusiker feiern in den geschmückten Straßen der Altstadt.

April

Lugano Festival (www.luganofestival.ch, Anf. April–Ende Mai) – Es werden Klassik-Konzerte internationaler Orchester veranstaltet.

Sechseläuten (Zürich, www.sechselaeuten.ch, Ende April) – Zunft- und Frühlingsfest mit 10 000 Zuschauern. Veranstaltungsort zwischen Zürichs Bahnhofstrasse, Limmatquai und Sechseläutenplatz.

Juni

ArtBasel (www.artbasel.com) – Bedeutende internationale Kunstmesse in Basel.

Tell-Freilichtspiele Interlaken (www.tellspiele.ch, Ende Juni–Anf. Sept.) – Aufführung des Schweizer Nationalepos »Wilhelm Tell« von Friedrich von Schiller mit Hunderten von Laiendarstellern.

Juli

Zürifäscht (Zürich, www.zuerifaescht.ch, 1. Wochenende, alle drei Jahre, nächste Termine 2022, 2025, 2028 etc.) – Größtes Volksfest der Schweiz mit Musik, Jahrmarkt und Feuerwerk.

Montreux Jazz Festival (www.montreuxjazzfestival.com, Anf. Juli) – Tausende von Musikfreunden und die Großen der Szene finden sich beim international renommierten Festival in Montreux ein.

August/September

Lucerne Festival (www.lucernefestival.ch, Sommerfestival, Mitte Aug.–Mitte Sept.) – Klassische Musik der Spitzenklasse.

Weltklasse Zürich (http://zurich.diamondleague.com) – Die Weltstars der Leichtathletik treffen sich im Letzigrund-Stadion.

Oktober/November

Älplerchilbi (Sarnen, Kerns, Stans u. a.) – In den Kantonen Nid- und Obwalden, Uri und Schwyz feiert man Erntedank mit viel Spektakel.

Dezember

Silvesterchlausen (Appenzell, www.appenzell.info) – Traditionelle Maskenumzüge zum Jahreswechsel im ganzen Kanton.

Diplomatische Vertretungen

Deutsche Botschaft

■ Willadingweg 83, 3006 Bern,
Tel. 03 13 59 41 11, Notfallnummer:
07 93 57 93 73, www.bern.diplo.de

Österreichische Botschaft

■ Kirchenfeldstr. 77/79, 3005 Bern,
Tel. 031/356 52 52, www.aussen ministerium.at/bern

Feiertage

In der ganzen Schweiz werden begangen: 1. Januar (Neujahr), Karfreitag, Ostermontag, Christi Himmelfahrt, Pfingstmontag, 1. August (Bundesfeiertag: Schweizer Nationalfeiertag).
Feiertage, die nicht in allen Kantonen begangen werden: 2. Januar (Berchtoldstag), 6. Januar (Heilige Drei Könige), 19. März (St. Joseph), 1. Mai (Tag der Arbeit), Fronleichnam, 29. Juni (Peter und Paul), 15. August (Mariä Himmelfahrt), 1. November (Allerheiligen), 8. Dezember (Mariä Empfängnis), 25. Dezember (Weihnachten), 26. Dezember (Stephanstag).

Geld und Währung

Währungseinheit ist der Schweizer Franken (CHF oder seltener SFr), unterteilt in 100 Rappen. Münzen gibt es zu 5, 10 und 20 Rappen sowie zu 1/2, 1, 2 und 5 Franken. Geldscheine sind im Wert von 10, 20, 50, 100, 200 und 1000 Franken in Umlauf.

Währungsumrechner
(Stand September 2019)

1 €	1,09 CHF
1 CHF	0,91 €

Gängige Kreditkarten werden in Banken, allen großen Hotels, zahlreichen Restaurants und Geschäften sowie bei den Autovermietern akzeptiert. An EC-Maestro-Geldautomaten kann man rund um die Uhr Geld abheben.

Kosten im Urlaub
(durchschnittliches Preisniveau)

Tasse Espresso	4–4,50 CHF
Tasse Kaffee / Tee	4–4,50 CHF
Flasche Mineralwasser (50cl)	4,50–5.50 CHF
Glas Bier (0,5 l)	6–7 CHF
Glas Wein (0,2 l)	6–10 CHF
Tellergericht (Brasserie)	15–25 CHF
Hauptgericht (Restaurant)	20–30 CHF
Eintritt staatl. Museen	8–26 CHF

Gesundheit

Die medizinische Versorgung in der Schweiz gehört zu den besten der Welt. Im Krankheitsfall begibt man sich ins nächste Krankenhaus oder in eine Notfallpraxis, in dringenden Notfällen erreicht man über die Notrufnummer 144 die Ambulanz.
Die in die Versicherungskarte integrierte **Europäische Krankenversicherungskarte** garantiert die medizinische Versorgung. Sicherheitshalber empfiehlt sich der Abschluss einer zusätzlichen Reisekranken- und Rückholversicherung.

Haustiere

Der in der EU vorgeschriebene Heimtierausweis (beispielsweise von Hunden und Katzen) mit eingetragener Kennzeichnung des Tieres durch

Mikrochip (oder Tätowierung, die vor Juli 2011 vorgenommen wurde) und gültiger Tollwutimpfung (Erstimpfung mind. 21 Tage vor Grenzübertritt) wird anerkannt. Info: www.blv.admin.ch

Informationen

Die Schweiz im Internet:

- www.ch.ch, www.swissworld.org/de

Über das Ferienland Schweiz informiert **Schweiz Tourismus**. Von diesem Portal können auch verschiedene Broschüren heruntergeladen werden.

- Call Center Europa, Tel. 00800/10 02 00 29 (gebührenfrei), www.myswitzerland.com

Klima und Reisezeit

In der Schweiz herrscht ein gemäßigtes **Kontinentalklima.** Allerdings beschert die starke Höhengliederung dem Land eine Vielzahl von regionalen Klimazonen. So stauen sich z. B. am Alpennordrand häufig feuchte atlantische Luftmassen und sorgen für Niederschläge, während geschützte Bergtäler wie das Wallis und Unterengadin weniger Wolken abbekommen. Auf der Alpensüdseite wiederum liegen die Temperaturen im Jahresmittel um drei Grad höher als in der Nordschweiz. Am Lago Maggiore und Luganer See schließlich beginnt der Frühling bereits im März – und mildes Herbstwetter hält bis in den November hinein an.

Die **Schneegrenze** liegt an der Alpennordseite bei 2500 m, im inneralpinen Raum bei etwa 3300 m. Manche Alpenpässe können gesperrt sein, oder sie erfordern Schneeketten. Aktuelle Informationen finden Sie u.a. bei der Interessengemeinschaft Alpenpässe (www.alpen-paesse.ch).

Beste **Reisezeit** für Wanderer und Biker sind die Sommermonate, die sich auch für Badeferien an den Seen anbieten. Die Wintersportsaison dauert von Mitte Dezember bis April.

Klimatabelle Zürich

Monat	Luft (°C) min./max	Wasser (°C)	Sonne h/Tag	Regentage
Jan.	-3/2	4	2	11
Feb.	-2/5	4	3	10
März	1/10	5	5	9
April	4/15	8	6	11
Mai	8/19	13	6	12
Juni	12/23	17	7	13
Juli	14/25	20	7	13
Aug.	13/24	21	7	13
Sept.	11/20	19	6	10
Okt.	6/14	14	3	10
Nov.	2/7	10	2	10
Dez.	-1/3	7	2	10

Notfall

Notruf: 112
Polizei: 117
Ambulanz: 144
Feuerwehr: 118
ADAC Notruf aus dem Ausland:
Tel. +49/89/22 22 22

Öffnungszeiten

Kaufhäuser, Boutiquen und **Ladengeschäfte** sind in der Regel montags bis freitags 8–18.30 und samstags 8–17 Uhr offen. Donnerstags oder freitags öffnen viele große Supermärkte und Kaufhäuser bis 21 Uhr. **Banken** haben in der Schweiz meist Mo–Fr 8.30–16.30 Uhr geöffnet.

Post

Die **Postämter** sind in der Regel Mo–Fr 7.30–12 und 14–18, Sa 8–11 Uhr geöffnet. Die Briefkästen sind gelb. Das Porto beträgt in der Schweiz 1,30 CHF.

Rauchen und Alkohol

Geschlossene Räume müssen in der Schweiz rauchfrei sein, wenn sie öffentlich zugänglich sind. **Rauchverbot** herrscht in allen öffentlichen Verkehrsmitteln. Bahnhöfe verfügen über Bereiche, in denen das Rauchen gestattet ist. In manchen Kantonen ist der Nichtraucherschutz strenger geregelt.

Alkohol wird in Supermärkten verkauft. Alkoholische Getränke dürfen nicht an Kinder und Jugendliche unter 16 Jahren abgegeben werden; für hochprozentigen Alkohol liegt das Mindestalter bei 18 Jahren. In manchen Kantonen gibt es zusätzliche Auflagen und Bestimmungen, die die Abgabe und den Verkauf alkoholischer Getränke an Minderjährige weiter einschränken.

Sicherheit

Die Schweiz ist ein sicheres Reiseland. Dessen ungeachtet wird Reisenden insbesondere an Bahnhöfen, auf Flugplätzen und in öffentlichen Verkehrsmitteln empfohlen, die üblichen Vorsichtsmaßnahmen gegen Taschendiebstähle zu treffen und auf die Sicherheitshinweise der lokalen Polizei zu achten.

Bei Aktivitäten in den Schweizer Bergen sollten Reisende aktuelle **Witterungshinweise** wie z.B. den Lawinenlagebericht (www.slf.ch) beachten. Weitere Informationen sind beim Schweizer Alpen-Club (SAC) und auf der Website Alpine Sicherheit (www.alpinesicherheit.ch) erhältlich.

Sport

Baden

Im Sommer können Wasserratten an zahlreichen öffentlich zugänglichen Uferabschnitten von Seen und Flüssen unbeschwerten Badespaß genießen. Beliebte Urlaubsorte mit Strandbädern sind Weggis und Vitznau am Vierwaldstättersee, Ascona und Locarno am Lago Maggiore sowie Lugano am Luganer See. Wer vor kaltem Gletscherwasser nicht zurückschreckt, findet an den Tessiner Gebirgsflüssen Maggia und Verzasca idyllische Badeplätze fern des Trubels.

Bergsteigen

Die Schweiz bietet Hochgebirgstouren für alle Ansprüche. **Bergsportzentren** sind Grindelwald (Jungfrau-Region), Pontresina (Bernina-Gruppe) und Zermatt (Walliser Alpen). In Zermatt organisiert das Alpin Center (Tel. 0279 66 24 60, www.alpincenter-zermatt.ch) u.a. die Besteigung des Matterhorns.

Eine Liste der Bergsportschulen erhält man beim Verband der Bergsportschulen Schweiz (Tel. 079 335 10 91, www.bergsportschulen.ch).

Der Schweizer Bergführerverband in Zürich bietet eine Liste aller diplomierten Bergführer der Schweiz (Tel. +41/ 313 70 18 79, http://sbv-asgm.ch).

Golf

Mehr als 90 Golfplätze machen die Schweiz zu einer guten Adresse für

Golfer. Bei Schweiz Tourismus gibt es Infos zu Golf-Hotels unter www.myswitzerland.com/de-de/golf-1-1.html. Weitere Informationen bei:

■ Schweizerischer Golfverband (ASG), Place de la Croix-Blanche 19, 1066 Epalinges, Tel. 02 17 85 70 00, www.asg.ch

Radfahren

Die Schweiz kann sich guten Gewissens als »Veloland« bezeichnen, verfügt sie doch über 8500 km **Radwanderwege**. Entlang der ausgeschilderten Routen können Tourenradler dank des gut ausgebauten öffentlichen Verkehrsnetzes bei Bedarf auf Bahn und Bus umsteigen.

Auch für **Mountainbiker** gibt es überaus reizvolle Reviere in allen Schwierigkeitsgraden. Eine Hochburg der Biker-Szene ist der Kanton Graubünden mit den Ferienregionen Flims-Laax-Falera und Klosters.

Offizielle Routenführer der neun großen nationalen Radwanderwege und ausführliche Informationen gibt es bei:

■ Veloland Schweiz/Stiftung SchweizMobil, Monbijoustr. 61, 3011 Bern, Tel. 03 13 13 02 70, www.veloland.ch

Segeln, Kiten und Surfen

Segler finden u.a. auf dem Zürichsee, Thuner See, Genfersee, Luganer See und Lago Maggiore ideale Reviere vor. Für Windsurfer sind Silvaplaner und Silser See im Oberengadin zu empfehlen. Die Adressen von Segel- und Surfschulen können bei Schweiz Tourismus (www.myswitzerland.com) erfragt werden.

Wandern

60 000 km markierte **Wanderwege** sprechen für sich – auf Schusters Rappen kann man die Schweiz ausgezeichnet erkunden. Gewandert wird beispielsweise auf jahrhundertealten Säumerpfaden, die vor der verkehrstechnischen Erschließung über die Alpenpässe führten.

Das Wegenetz ist landesweit einheitlich markiert: Einfache bis mittelschwere Routen sind gelb gekennzeichnet, anspruchsvolle Bergwanderwege rot-weiß und Hochgebirgstouren mit leichten Kletterpartien oder Gletschertraversierungen blau-weiß. Zu den klassischen Wanderregionen gehören etwa das Berner Oberland, Wallis, Engadin und Tessin.

Immer populärer wird das **Winterwandern**. Ferienorte wie Arosa, Grindelwald, Wengen, Davos oder St. Moritz bieten während der schneereichen Jahreszeit gespurte und markierte Wege an. Der Winterwanderweg von der Fiescheralp zur Riederalp z.B. ist wegen der herrlichen Panoramaausblicke auf den Aletschgletscher beliebt. Hoch über Grindelwald führt eine schöne Winterwanderroute von der Bergstation First zur Bussalp.

Auf etlichen **Fernwanderwegen** kommen auch Tourengänger auf ihre Kosten. Der Alpenpanorama-Weg etwa führt in 30 Tagesetappen über 510 km vom Bodensee zum Lac Léman quer durchs Land. Infos zu dieser und weiteren nationalen, regionalen und lokalen Routen unter www.schweizmobil.ch/de/wanderland.html.

In den Tourismusbüros der Ferienorte erhalten Gäste kostenlose Broschüren mit regionalen Wandertipps. Auskünfte über Unterkunft in Hütten, mehrtägige Routen, Sicherheitsempfehlungen etc. erteilt:

■ Schweizer Alpen-Club (SAC), Monbijoustr. 61, 3000 Bern 23, Tel. 031/370 18 18, www.sac-cas.ch

Wintersport
Die Schweiz ist ein Wintersportparadies par excellence, in dem Gäste zwischen mehr als 30 Skiregionen wählen können. Zu den attraktivsten Skigebieten für **Abfahrts-** und **Langlauf** gehören die Jungfrau-Region sowie die Hänge um Davos, Klosters und St. Moritz. In diesen Gebieten sind manche Pisten und Loipen bis 22 Uhr mit Flutlicht beleuchtet.
In der Schweiz finden natürlich auch **Snowboarder** ein weites Betätigungsfeld. Moderne Snowboardparks bieten etwa Laax, Verbier, Arosa, Saas Fee und Davos. In allen großen Wintersportorten können Skier, Snowboards und die zugehörigen Schuhe auch ausgeliehen werden.
Detaillierte Informationen zu den Wintersportgebieten der Schweiz bietet der ADAC SkiGuide im Internet (www.adac-skiguide.de). Die Inhalte gibt es auch als iPhone- und Android-App.

Strom und Steckdosen

Die Netzspannung beträgt 230 Volt, bei 50 Hertz. Da deutsche Stecker nicht in alle Steckdosen passen, empfiehlt sich die Mitnahme eines Zwischensteckers, der z.B. in den ADAC Geschäftsstellen erhältlich ist.

Telefon und Internet

Telefonzellen sind auch in der Schweiz durch die Verbreitung der Mobil-Telefone selten geworden. An den meisten Telefonzellen benötigen Sie eine Telefonkarte (Taxcard), die Sie in Postämtern, Bahnhöfen, Kiosken oder Swisscom-Geschäften erhalten. Es gibt Karten zu 5, 10 und 20 CHF. Einige Telefonzellen akzeptieren auch Münzen.

Die Benutzung von **Mobiltelefonen** ist in der ganzen Schweiz möglich. In den Bergen muss mit Funklöchern gerechnet werden. Je nach Provider können **Roaming-Gebühren** in der Schweiz sehr teuer ausfallen. Man sollte sich vor der Reise informieren, denn die kostengünstigen Regelungen der EU gelten hier nicht.

Internationale Vorwahlen:
- Schweiz 00 41
- Deutschland 00 49
- Österreich 00 43

Es folgt die Rufnummer ohne die Null. Innerhalb der Schweiz ist die **Ortsvorwahl** mit der Null fester Bestandteil der Telefonnummern und muss immer mitgewählt werden.

In vielen Cafés, Restaurants und Hotels gibt es kostenloses **WLAN.** Die Schweizerischen Bundesbahnen bieten an zahlreichen Bahnhöfen kostenlosen Zugang ins Internet (sbb.ch/wifi).

Trinkgeld

In der Schweiz wurde das Trinkgeld 1974 offiziell abgeschafft. Es ist seither im Lohn enthalten. Dennoch ist es bis heute im Gastgewerbe Brauch, Trinkgeld zu geben. Je nach Zufriedenheit des Gastes können bis zu 10 % angemessen sein.

Unterkunft und Hotels

Die Palette der angebotenen Unterkünfte reicht in der Schweiz von der rustikalen Berghütte bis zum Grandhotel. Einen Überblick bietet das Portal des Fremdenverkehrsamts Schweiz Tourismus: www.myswitzerland.com (Gratis-Rufnummer: 00800/10 02 00 29).

Bed & Breakfast

Bed & Breakfast ist populär. In den Ferienregionen bieten zahlreiche Privathäuser und Pensionen preisgünstige Unterkünfte mit Frühstück an. Auskünfte erteilt:

■ Bed and Breakfast Switzerland, Sonnenweg 3, 4144 Arlesheim, Tel. +41/617 03 00 83, www.bnb.ch

Camping

Rund 600 Campingplätze gibt es in der Schweiz, der überwiegende Teil davon liegt ausgesprochen idyllisch an See- oder Flussufern. Eine Auswahl geprüfter Plätze bieten der jährlich erscheinende ADAC Campingführer sowie der ADAC Stellplatzführer (adac.de/campingfuehrer). Die Inhalte gibt es auch als App für iPhone, iPad und Android-Geräte in den Appstores von Apple und Google. Ausgewählte Plätze stellt zudem der Schweizer Camping Guide CampingNET unter der Adresse www.camping.ch vor.

Ferienhäuser und -wohnungen

In den Schweizer Ferienorten werden zahlreiche familienfreundliche Häuser und Ferienwohnungen zu relativ günstigen Preisen vermietet. Besonders beliebt sind die Reka-Feriendörfer. Ein entsprechender Katalog ist über den Veranstalter zu beziehen:

■ Schweizer Reisekasse Reka, Neuengasse 15, 3001 Bern, Tel. +41/313 29 66 99, www.reka.ch

Hotels und Pensionen

Rund 275 000 Betten stehen in den mehr als 5500 Schweizer Hotels und Pensionen zur Verfügung. Das Angebot reicht vom einfachen Ein-Sterne-Garni-Hotel bis zum noblen Fünf-Sterne-Haus. Die Schweizer Hotellerie ist für hohen Standard und perfekten Service bekannt, das Preisniveau liegt allerdings vor allem in den größeren Städten und den namhaften Ferienorten deutlich über dem europäischen Durchschnitt.

Der von hotelleriesuisse (Unternehmensverband der Schweizer Hotellerie) herausgegebene offizielle Schweizer Hotelführer ist im Internet unter www.swisshotels.com zu finden.

Jugendherbergen und Hostels

Für die Nutzung der 53 Schweizer **Jugendherbergen** gilt keine Altersbeschränkung, etliche sind auch auf Familien mit Kindern eingestellt. Ein aktuelles Verzeichnis kann angefordert werden bei:

■ Schweizer Jugendherbergen, Schaffhauserstr. 14, 8042 Zürich, Tel. +41/443 60 14 14, Reservierungen und Buchungen unter www.youthhostel.ch

Günstige Übernachtungsmöglichkeiten bieten auch die ebenfalls eher einfach eingerichteten **Swiss Hostels.** Auskünfte bei:

■ Swiss Hostels, Alpenstr. 16, 3800 Interlaken, Tel. +41/338 23 46 46, www.swisshostels.com

Verkehrsmittel im Land

Bahn

Das **Bahnnetz** in der Schweiz ist hervorragend ausgebaut und umfasst über 5000 Streckenkilometer (davon 3000 km von der SBB). Generelle Auskünfte, Infos und Bestellungen beim Rail Service der Schweizerischen Bundesbahnen (SBB) findet man unter www.sbb.ch.

Für das reguläre Streckennetz bietet das Swiss Travel System **Sondertarife** (www.swisstravelsystem.com), etwa die für einen Monat gültige Swiss Card oder den für 4, 8, 15, 22 bzw. 30 Tage gültigen Swiss Travel Pass bzw. Swiss Travel Pass Flex. Als Swiss Youth Pass ist er für alle unter 26 Jahre günstiger. Mit der Swiss Half Fare Card (120 CHF p. P.) fährt man monatlich zum halben Preis, auch Bergbahnen geben darauf Rabatt. Mit der kostenlos an allen Schweizer Bahnhöfen erhältlichen Swiss Family Card reisen Kinder bis 16 Jahren zum halben Preis mit mind. einem erwachsenen Familienangehörigen.

Die beliebten **Panoramazüge** durch die Alpen wie Bernina Express, Glacier Express oder Arosa Bahn sowie historische Züge betreibt die:

- Rhätische Bahn (RhB), Bahnhofstr. 25, 7002 Chur, Tel. 08 12 88 65 65, www.rhb.ch

Bus

Das dichte Liniennetz der gelben **Postbusse**, in der Schweiz »Postautos« genannt, erschließt selbst die abgelegensten Bergdörfer und -regionen. Im Linienverkehr werden zudem attraktive Rundfahrten angeboten, z.B. mit dem Palm Express von St. Moritz über den Malojapass nach Lugano. Tickets und Informationen erhält man in allen Postämtern und im Internet unter www.postauto.ch.

Flugzeug

Linienflüge zwischen den Airports Basel (BSL), Genf (GVA), Lugano (LUG) und Zürich (ZRH) bietet die Fluglinie Swiss an (www.swiss.com).

Mietwagen

In allen größeren Orten kann man bei internationalen Mietwagen-Agenturen Fahrzeuge leihen. An den Bahnhöfen betreibt die Schweizerische Bundesbahn einen Mietwagendienst. Für Mitglieder bietet die ADAC Autovermietung GmbH günstige Konditionen an. Buchungen über www.adac.de/autovermietung, die ADAC Geschäftsstellen oder unter Tel. 089/76 76 20 99.

Schiff

Auf dem Zürichsee, Vierwaldstättersee, Genfersee, Lago Lugano, Lago Maggiore und anderen größeren Gewässern verkehren **Linienschiffe.** Die jeweiligen Schifffahrtsgesellschaften sind im vorliegenden Band im »Unterwegs«-Kapitel genannt.

Taxi

Taxifahren ist in der Schweiz relativ teuer, und die Preise pro gefahrenem Kilometer können von Ort zu Ort variieren. Jeder Wagen ist mit Taxameter ausgestattet. Zu dem angezeigten Preis können Zuschläge für Nachtanfahrten, sperriges oder schweres Gepäck etc. kommen.

Zollbestimmungen

Zollfrei einführen dürfen Personen ab 17 Jahren insg. 250 Zigaretten/Zigarren oder 250 g Tabak, 5 l alkoholische Getränke bis 18 % und 1 l Spirituosen über 18 %. Die Mitnahme von Waren (inklusive von Tabakprodukten und alkoholischen Getränken!) ist bis zu einer Wertgrenze von 300 CHF zollfrei. Beschränkt ist jedoch die Mitnahme größerer Mengen von Fleisch, Wurst, Butter, Rahm sowie von Speiseöl und Margarine. Bei der Ausreise sind, abgesehen von den üblichen Ausnahmen (Tiere/CITES-Artenschutz, Waffen, Kulturgüter u.a.), für private Güter keine Zollbestimmungen zu beachten. Info: www.ezv.admin.ch

Die Geschichte der Schweiz

Um 11 000 v. Chr. Jäger und Sammler leben im heutigen Graubünden.

Um 4000 v. Chr. Am Zürichsee entstehen Pfahlbausiedlungen.

1. Jh. v. Chr. Der keltische Stamm der Helvetier wandert ins Schweizer Mittelland und den Jura ein.

ab 58 v. Chr. Römische Truppen unter Julius Cäsar unterwerfen die Helvetier.

612 Irische Wandermönche missionieren in der Nord- und Zentralschweiz. In St. Gallen und Luzern entstehen Klöster.

1291 Am 1. August schließen sich am Vierwaldstättersee die Urkantone Uri, Schwyz und Unterwalden gegen die Habsburger zusammen und beeiden dies mit dem Rütlischwur.

1351 Die freie Reichsstadt Zürich tritt der Eidgenossenschaft bei, es folgen Luzern, Glarus und Zug sowie Bern.

1460 In Basel wird die erste Universität der Schweiz gegründet.

1481 Fribourg und Solothurn treten der Eidgenossenschaft bei.

1523 Der Prediger Huldrych Zwingli leitet in Zürich die Reformation ein.

1536 Genf entwickelt sich unter dem Theologen Calvin zum Zentrum der Reformation.

1798 Napoleon besetzt die Schweiz und errichtet die Helvetische Republik.

1815 Auf dem Wiener Kongress werden die bis dato französischen Gebiete Wallis, Neuenburg und Genf der Schweiz zugesprochen. Damit erreicht die Schweiz ihre heutige Ausdehnung.

1848 Die Eidgenossenschaft gibt sich eine neue Verfassung und wird zu einem föderalistischen Staat mit Zentralregierung. Bern wird Hauptstadt.

1856 In Zürich wird mit der Schweizerischen Kreditanstalt die erste Großbank des Landes gegründet.

1882 Eröffnung des Gotthardtunnels, einem 15 km langen Eisenbahntunnel, der das Tessin mit der Zentralschweiz verbindet.

1912 Einweihung des höchst gelegenen Bahnhofs Europas in 3454 m Höhe auf dem Jungfraujoch.

1939–45 Wie im 1. Weltkrieg bleibt die Schweiz auch im 2. Weltkrieg neutral.

1949 Die Genfer Konventionen treten in Kraft.

1980 Eröffnung des Gotthard-Straßentunnels.

2001 Entscheidung gegen EU-Beitritt.

2005 Die Schweizer stimmen für den Schengen-Beitritt.

2009 Die Schweiz lockert das Bankgeheimnis, will künftig beim Kampf gegen Steuerhinterziehung Hilfe leisten.

2016 Eröffnung des 57 km langen Gotthard-Basistunnels.

2019 Es werden nur noch 1463 Schweizer Gletscher gezählt, was einem Verlust von 700 Gletschern seit den 1970er-Jahren entspricht.

Die Gotthardbahn auf ihrer Fahrt durch den gleichnamigen Eisenbahntunnel

Französisch und Italienisch für die Reise

Das Wichtigste in Kürze

ja/nein	*oui/non*	*sì/no*
bitte/danke	*s'il vous plaît/merci*	*per favore/grazie*
Hallo!/Auf Wiedersehen!	*Salut !/Au revoir !*	*Ciao!/Arrivederci!*
Guten Morgen!/Guten Tag!	*Bonjour !*	*Buongiorno!*
Guten Abend!/Gute Nacht!	*Bonne nuit !*	*Buonasera!/Buonanotte!*
Mein Name ist …	*Je m'appelle …*	*Mi chiamo …*
Entschuldigung!	*Pardon !/Excusez-moi !*	*Scusi!*
Achtung!/Vorsicht!	*Attention !*	*Attenzione!*
Ich verstehe Sie nicht.	*Je ne vous comprends pas.*	*Non La capisco.*
Wie viel kostet das?	*Cela coûte combien ?*	*Quanto costa?*
Wo sind die Toiletten?	*Où sont les toilettes ?*	*Dov'è il bagno?*
Damen/Herren	*femmes/hommes*	*donne/uomini*
geöffnet/geschlossen	*ouvert/fermé*	*aperto/chiuso*
gestern/heute/morgen	*hier/aujourd'hui/demain*	*ieri/oggi/domani*
Wo ist …?	*Où se trouve … ?*	*Dov'è …?*
Ist das der Weg nach…?	*Est-ce que c'est le chemin pour … ?*	*È questa la strada per …?*
Nord/Süd/West/Ost	*nord/sud/ouest/est*	*nord/sud/ovest/est*
Ich möchte…	*Je voudrais …*	*Vorrei …*
Die Rechnung, bitte!	*L'addition, s'il vous plaît !*	*Il conto, per favore!*
Auto	*voiture*	*macchina*
Tankstelle	*station d'essence*	*stazione di servizio*
Super/bleifrei/Diesel	*super/sans plomb (=SP)/gasoil*	*super/benzina (senza piombo)/ diesel (gasolio)*
Panne	*panne*	*guasto*
Hilfe!	*Au secours !*	*Aiuto!*
Bank/Geldautomat	*banque/distributeur de billets*	*banca/bancomat*
Arzt	*médecin*	*medico*
Apotheke	*pharmacie*	*farmacia*
Lebensmittelgeschäft	*épicerie*	*negozio di alimentari*

Wochentage

Montag/Dienstag	*lundi/mardi*	*lunedì/martedì*
Mittwoch/Donnerstag	*mercredi/jeudi*	*mercoledì/giovedì*
Freitag/Samstag	*vendredi/samedi*	*venerdì/sabato*
Sonntag	*dimanche*	*domenica*

Monate

Januar/Februar	*janvier/février*	*gennaio/febbraio*
März/April	*mars/avril*	*marzo/aprile*
Mai/Juni	*mai/juin*	*maggio/giugno*
Juli/August	*juillet/août*	*luglio/agosto*
September/Oktober	*septembre/octobre*	*settembre/ottobre*
November/Dezember	*novembre/décembre*	*novembre/dicembre*

Alle Blickpunkt-Themen in diesem Band:

Register

Bildnachweis
Titel: Blick auf das Matterhorn
Foto: **HUBER IMAGES** (Günter Gräfenhain)

AdobeStock: bill_17 11.2; dudlajzov 12.1; Renzo 71.3; Andreas Rickli 128 – **Alamy Stock Photo:** Prisma by Dukas Presseagentur GmbH 40 – **HUBER IMAGES:** Günter Gräfenhain 14/15 – **imago images:** E-PRESS PHOTO.com 116 – **Jungfraubahnen AG:** Swiss Travel System By-line: swiss-image.ch/ Jeroen Seyffer 109 – **lookphotos:** Hans Georg Eiben 32/33 – **mauritius images:** imageBROKER/ Oliver Gutfleisch 12.2; imageBROKER/Werner Dieterich 13.1; Idp french collection/Alamy 13.2; United Archives/Werner Otto 22; Doug Scott 45; Udo Bernhart 83, 98; Alamy/Olaf Protze 85; Archive Pics/ Alamy 120 – **picture-alliance:** akg-images 53, 136 – **seasons-agency:** Jalag/Gregor Lengler 4/5, 6.3; Herbert Zimmermann 5.1; Götz Wrage 5.2; Vera Hartmann 6.1; Sabrina Rothe 6.2; Walter Schmitz 7; Lukas Spörl 8/9, 50/51; Arthur F. Selbach 9; Ulrike Holsten 10.1 – **Shutterstock.com:** Olga P Galkina 10.2; Matteo Cozz 11.1; Samuel Borges Photography 11.3; Anton_Ivanov 13.3; MarinaD_37 17; Georgios Tsichlis 18/19; footageclips 24; Mario Krpan 27, 97; nui7711 29; Oscity 38; Steve Allen 42; Olgysha 47; ExpediTom 54; S-F 56/57, 65; gurb101088 61; Boris Stroujko 62, 89.3; Umomos 71.1; Mor65_Mauro Piccardi 71.2; Eder 73; canyalcin 74; Natalia Paklina 77; Boris-B 78, 103; JanKolecek 80; LaMiaFotografia 89.1; Oleksandr Berezko 91; elitravo 93; elesi 101; LiliGraphie 102; Stefano Ember 104; trabantos 107.3; marlys grisson 110; irisphoto1 112; FenlioQ 115; GlobalVision 360 119; Raphael Christinat 144 –**Swiss Travel System By-Line:** swiss-image.ch/Marcus Gyger 99 – **Switzerland Tourism – By-Line:** ST/ swiss-image.ch/Stephan Schacher 23; Jan Geerk 81, 107.1 – **www.giessbach.ch** 69 – **www.wellness hotel-zurbriggen.ch** 121

Herausgeber: GRÄFE UND UNZER VERLAG GmbH, Postfach 86 03 66, 81630 München
Leitender Redakteur: Benjamin Happel
Autoren: Robin Daniel Frommer, Rolf Goetz
Verlagsredaktion: Gernot Schnedlitz, (verantw.), Larissa Köpp, Silke Tauscher, Nadia Terbrack
Lektorat: Beate Martin, München
Satz: uteweber-grafikdesign
Bildredaktion: Iris Kaczmarczyk
Schlusskorrektur: Ulla Thomsen
Reihengestaltung: Eva Stadler
Kartografie: Huber Kartographie GmbH, www.kartographie.de
Herstellung: Mendy Willerich
Druck: Drukarnia Dimograf Sp z o.o. (Polen)

Ansprechpartner für den Anzeigenverkauf:
KV Kommunalverlag GmbH & Co. KG, MediaCenter München, Tel. 089/928 09 60

Bei Interesse an maßgeschneiderten B2B-Produkten:
gabriella.hoffmann@graefe-und-unzer.de

GRÄFE UND UNZER

Ein Unternehmen der
GANSKE VERLAGSGRUPPE

ISBN 978-3-95689-515-9
1. Auflage 2020

Leserservice
adac@graefe-und-unzer.de
Tel. 00800/72 37 33 33 (gebührenfrei in D, A, CH)
Mo–Do 9–17 Uhr, Fr 9–16 Uhr

Aus Gründen der besseren Lesbarkeit wird in diesem Buch bei Personenbezeichnungen das generische Maskulinum verwendet. Es gilt gleichermaßen für alle Geschlechter.

Unterwegs in der Schweiz

Mit dem Zug

Die Schweiz ist das Bahnland schlechthin. Gleise und rollendes Material sind modern und leistungsstark, die Züge fahren zuverlässig und pünktlich. Anschlüsse sind leicht zu erreichen, da der weiterführende Zug in der Regel am Gleis vis-a-vis bereit steht. In Bergregionen, die von der normalspurigen Schweizerischen Bundesbahn (SBB) nicht erreicht werden, machen Berg-, Seil- oder Zahnradbahnen den Zugang bequem. Oder die vorzüglichen Schmalspurzüge der Rhätischen Bahn (RhB) sowie der Montreux Berner Oberland Bahn (MOB).

■ www.sbb.ch, www.rhb.ch und www.goldenpass.ch

Mit dem Pkw

Zahlenmäßig rangiert das Auto in der Schweiz als Verkehrsmittel Nummer Eins. In den Sommermonaten gibt es selbst in alpinen Hochlagen wenig Orte, die tatsächlich nicht mit dem Pkw erreicht werden können. Während der Ferien sind Dienstag und Mittwoch günstige Reisetage; Engpässe an Gotthard und San Bernardino freitags und sonntags leicht vorhersehbar. Teure Parkplätze sind in den meisten größeren Städten der Schweiz Fakt. In Genf ist das mehrstündige Abstellen eines Fahrzeugs so teuer, dass es Sinn macht, Übernachtungsort und Hotelwahl auch nach dem Angebot kostenloser oder günstiger Stellplätze zu richten.

■ Siehe auch S. 120 und S. 125

Mit dem Fahrrad

Radfahren ist die wohl schönste und sicherlich die nachhaltigste Art, die Schweiz zu erkunden. Genuss-Radler bevorzugen flache Streckenprofile, etwa entlang des Rheintals und rings um die Seen. 20 Routenvorschläge gibt es unter:

■ www.komoot.de/guide/528/rad touren-in-der-schweiz

Per pedes

Die Schweiz besitzt eine perfekte Infrastruktur für Wanderer. Das Angebot an landschaftlich reizvollen Wegen ist vielfältig. Neben 308 lokalen, 63 regionalen und sieben nationalen Routen finden Sie auch 74 rollstuhlgerechte Ausflüge unter:

■ www.schweizmobil.ch/de/wander land.html